DE ULTIEME GEGRILDE SALADES

Ontdek de kunst van het grillen van groenten met 100 creatieve recepten

Saga Lundin

Auteursrechtelijk materiaal ©2024

Alle rechten voorbehouden

Geen enkel deel van dit boek mag in welke vorm of op welke manier dan ook worden gebruikt of overgedragen zonder de juiste schriftelijke toestemming van de uitgever en eigenaar van het auteursrecht, met uitzondering van korte citaten die in een recensie worden gebruikt. Dit boek mag niet worden beschouwd als vervanging voor medisch, juridisch of ander professioneel advies.

INHOUDSOPGAVE

- INHOUDSOPGAVE 3
- INVOERING 6
- **GEGRILDE VEGGIESALADES** 8
  - 1. Tuinsalade aan de grillzijde 9
  - 2. Op houtskool gegrilde shiitakes-salade 11
  - 3. Bruine rijst en gegrilde groente 13
  - 4. Avocado en Wehani Rijstsalade 16
  - 5. Rucola en Gegrilde Groentensalade 18
  - 6. Gegrilde Pompoen en Courgette 20
  - 7. Gegrilde Eikelpompoen en Asperges 22
  - 8. Gegrilde Asperges en Tomaten 24
  - 9. Salade van gegrilde aubergine en halloumi 26
  - 10. Kom met gegrilde groenten en Halloumi Quinoa 28
  - 11. Salade van gegrilde portobello-champignons en spinazie 30
- **GEROOSTERDE SALADES VAN PEULEN EN GRAAN** 32
  - 12. Salade van gegrilde groenten en couscous 33
  - 13. Gegrilde maïssalade 35
  - 14. Gegrilde Confetti Groenten 37
  - 15. Salade van gegrilde groenten en kikkererwten 39
  - 16. Salade van gegrilde portobello-champignons en quinoa 41
  - 17. Salade van gegrilde maïs en zwarte bonen 43
  - 18. Gegrilde groente- en linzensalade met quinoa 45
  - 19. Salade van gegrilde kikkererwten en couscous 47
  - 20. Salade van tofu en bruine rijst met Edamame 49
  - 21. Groenten- en Farro-salade met witte bonen 51
  - 22. Salade van gegrilde kikkererwten en bulgur 53
  - 23. Linzen- en gerstsalade met geroosterde groenten 55
- **GEGRILDE FRUITSALADES** 57
  - 24. Salade van gegrilde peer en blauwe kaas 58
  - 25. Gegrilde watermeloensalade 60
  - 26. Salade van gegrilde perzik en rucola 62
  - 27. Salade van gegrilde ananas en avocado 64
  - 28. Gegrilde steenfruitsalade 66
  - 29. Salade van gegrilde perzik en gedroogde ham 68
  - 30. Salade van gegrilde ananas en garnalen 70
  - 31. Salade van gegrilde vijgen en halloumi 72
  - 32. Gegrilde mangosalsa 74

33. GEGRILDE FRUITSCHAAL 76
34. GEBARBECUED KERRIE VERS FRUIT 78
35. MANGO CHOW 80
36. SALADE VAN GEGRILDE APPEL EN GEITENKAAS 82
37. SALADE VAN GEGRILDE AARDBEIEN EN SPINAZIE 84
38. GEGRILDE CITRUSFRUITSALADE 86

GEGRILDE SALADES VAN RUNDVLEES/VARKENS/LAM 88
39. SALADE VAN GEGRILDE RUNDVLEES -GEDROOGDE HAM 89
40. SALADE VAN GEGRILD LAMSVLEES EN LIMABONEN 92
41. T-BONE TOSTADA-SALADE 94
42. RUNDVLEES LOK LAK 96
43. GEGRILDE STEAKSALADE MET BALSAMICOVINAIGRETTE 99
44. SALADE VAN GEGRILDE VARKENSHAAS MET MANGOSALSA 101
45. SALADE VAN GEGRILD LAMSVLEES MET GRIEKSE YOGHURTDRESSING 103
46. GEGRILDE RUNDVLEESSALADE MET CHIMICHURRISAUS 105
47. GEGRILDE BIEFSTUK EN TOMATENSALADE 107
48. SALADE VAN GEGRILDE VARKENSHAAS EN PERZIK 109
49. SALADE VAN GEGRILDE LAMSKOTELETJES EN COUSCOUS 111
50. GEGRILDE RUNDVLEES KABOB EN GRIEKSE SALADE 113

SALADES VAN GEGRILDE GEVOGELTE 115
51. CHILI'S GEGRILDE CARIBISCHE SALADE 116
52. APPEL MANGOSALADE MET GEGRILDE KIP 119
53. GEGRILDE KIP EN NIEUWE AARDAPPEL 121
54. SALADE VAN GEGRILDE KIP EN KIKKERERWTEN 123
55. GEGRILDE KALKOEN- EN CRANBERRY-QUINOASALADE 125
56. CAESARSALADE MET GEGRILDE KIP 127
57. SALADE VAN GEGRILDE EENDENBORST EN BESSEN 129
58. SALADE VAN GEGRILDE CITROENKRUIDKIP EN COUSCOUS 131
59. SALADE VAN GEGRILDE KALKOEN EN CRANBERRY 133
60. SALADE VAN GEGRILDE EEND EN SINAASAPPEL 135
61. GEGRILDE CITROENKRUID-KIPSALADE 137

GEGRILDE PASTA SALADES 139
62. GEGRILDE VEGGIE FUSILLI PASTASALADE 140
63. PASTASALADE MET GEGRILDE GROENTEN EN PESTO 142
64. CAESAR-PASTASALADE MET GEGRILDE KIP 144
65. PASTASALADE MET GEGRILDE GARNALEN EN AVOCADO 146
66. GEGRILDE ZOMERGROENTEN EN FETA PASTASALADE 148
67. PASTASALADE MET GEGRILDE MAÏS EN ZWARTE BONEN 150
68. GEGRILDE KIP EN PESTO TORTELLINI SALADE 152
69. GEGRILDE GROENTEN EN FETA ORZO SALADE 154
70. GEGRILDE TOFU EN SESAM NOEDELSALADE 156
71. GEGRILDE ZWAARDVIS EN ORZO SALADE 158
72. PASTASALADE MET GEGRILDE SINT-JACOBSSCHELPEN EN ASPERGES 160

GEGRILDE VIS- EN ZEEVRUCHTSALADES 162
73. GEGRILDE DRAGON TONIJNSALADE 163
74. SALADE VAN GEGRILDE TONIJN NICOISE 165
75. BLADSLA EN GEGRILDE TONIJNSALADE 167
76. PASTASALADE MET GEGRILDE TONIJN EN TOMATEN 169
77. SALADE VAN GEGRILDE ZALM MET CITROEN-DILLEDRESSING ... 171
78. CAESARSALADE MET GEGRILDE GARNALEN 173
79. SALADE VAN GEGRILDE SINT-JAKOBSSCHELPEN EN AVOCADO . 175
80. GEGRILDE ZWAARDVIS EN MEDITERRANE SALADE 177
81. GEGRILDE TONIJNSALADE MET MANGOSALSA 179
82. SALADE VAN GEGRILDE HEILBOT MET CITRUSVINAIGRETTE 181
83. GEGRILDE ZEEVRUCHTENSALADE 183

GEGRILDE KAAS EN ZUIVELSALADES 185
84. GEGRILDE HALLOUMI-SALADE MET GROENTEN 186
85. SALADE VAN GEGRILDE PERZIK EN BURRATA 188
86. SALADE VAN GEGRILDE GROENTEN EN FETAKAAS 190
87. SALADE VAN GEGRILDE PANEER EN MANGO 192
88. SALADE VAN GEGRILDE GEITENKAAS EN BIETEN 194
89. SALADE VAN GEGRILDE BLAUWE KAAS EN PEREN 196
90. SALADE VAN GEGRILDE RICOTTA EN TOMATEN 198
91. SALADE VAN GEGRILDE MOZZARELLA EN AUBERGINE 200

GEGRILDE TOFU EN VEGETARISCHE SALADES 202
92. GEGRILDE CITROEN-BASILICUM-TOFU-SALADE 203
93. SALADE VAN GEGRILDE TOFU EN GROENTEQUINOA 205
94. SALADE VAN PORTOBELLO-CHAMPIGNONS EN HALLOUMI 207
95. SALADE VAN GEGRILDE GROENTEN EN COUSCOUS MET TOFU . 209
96. SALADE VAN GEGRILDE TOFU EN AVOCADO 211
97. GROENTEN-TOFUSALADE MET MISODRESSING 213
98. SALADE VAN GEGRILDE HALLOUMI EN WATERMELOEN 215
99. SALADE VAN GEGRILDE TOFU EN ZOMERGROENTEN 217
100. SALADE VAN GEGRILDE GROENTEN EN GEITENKAAS 219

CONCLUSIE 221

INVOERING

In de culinaire wereld wordt de kunst van het grillen al lang vereerd vanwege het vermogen om gerechten te voorzien van een rijke, rokerige smaak die door geen enkele andere kookmethode wordt geëvenaard. Traditioneel is deze techniek gereserveerd voor vlees, gevogelte en zeevruchten, waarbij groenten vaak een ondersteunende rol spelen. Het culinaire landschap evolueert echter voortdurend en daarmee gepaard gaat een innovatieve benadering van grillen waarbij groenten en fruit op de voorgrond staan. "De ultieme gegrilde salades: ontdek de kunst van het grillen van groenten met 100 creatieve recepten" is een bewijs van deze evolutie en biedt een uitgebreide gids voor het transformeren van gewone salades in buitengewone culinaire creaties door de magie van grillen.

Dit boek is meer dan alleen een verzameling recepten; het is een reis naar het hart van grillen en onderzoekt de talloze manieren waarop de simpele handeling van koken boven open vuur de eenvoudige salade naar nieuwe hoogten kan tillen. Van de knapperige, verkoolde randen van gegrilde romaine tot de rokerige zoetheid van verkoolde maïs en paprika: "De Ultieme Gegrilde Salades" nodigt je uit om je opnieuw voor te stellen wat een salade kan zijn. Het daagt de conventionele wijsheid uit dat salades slechts voorgerechten of bijgerechten zijn, en presenteert ze in plaats daarvan als waardige hoofdgerechten die zelfs de meest veeleisende fijnproevers tevreden kunnen stellen.

De kern van deze culinaire verkenning is een toewijding aan versheid, smaak en innovatie. Elk recept in het boek is zorgvuldig samengesteld om de natuurlijke schoonheid en smaak van het ingrediënt te laten zien, versterkt door het unieke smaakprofiel dat alleen grillen kan bieden. Of je nu een doorgewinterde grillmeester bent of een beginneling die graag wil leren, dit boek biedt voor ieder wat wils. Het biedt gedetailleerde instructies over grilltechnieken, van het selecteren van het juiste type grill tot het beheersen van de perfecte grill, zodat lezers met vertrouwen elk recept op de pagina's kunnen aanpakken.

Bovendien is " De Ultieme Gegrilde Salades " een viering van diversiteit, met recepten die inspiratie putten uit een breed scala aan keukens en culturen. Dit mondiale perspectief verrijkt niet alleen het culinaire repertoire van het boek, maar weerspiegelt ook de universele aantrekkingskracht van grillen. Via de pagina's zullen lezers beginnen aan een gastronomische tour die continenten overspant, waarbij ze gegrilde salades proeven met smaken uit de Middellandse Zee, Azië, Amerika en daarbuiten. Deze eclectische collectie onderstreept de veelzijdigheid van gegrilde groenten en bewijst dat ze een canvas kunnen zijn voor een grenzeloos scala aan smaken en texturen.

GEGRILDE VEGGIESALADES

1.Tuinsalade aan de grillzijde

INGREDIËNTEN:
- 2 matige tomaten, zonder zaadjes en in blokjes gesneden
- 1 middelgrote courgette, in blokjes gesneden
- 1 kopje bevroren hele maïskorrels, ontdooid
- 1 kleine rijpe avocado, geschild, zonder zaadjes en grof in blokjes gesneden
- ⅓ kopje dun gesegmenteerde groene uien met topjes
- ⅓ kopje Pace Picante-saus
- 2 eetlepels Plantaardige olie
- 2 eetlepels In blokjes gesneden verse koriander of peterselie
- 1 eetlepel Citroen- of limoensap
- ¾ theelepel Knoflookzout
- ¼ theelepel Gemalen komijn

INSTRUCTIES:
a) Meng tomaten, courgette, maïs, avocado en groene uien in een grote schaal. Meng de resterende ingrediënten; Meng goed. Giet over het groentemengsel; meng voorzichtig. Laat 3-4 uur afkoelen, af en toe voorzichtig roeren.

b) Roer voorzichtig en serveer gekoeld of op kamertemperatuur met extra Pace Picante-saus.

2.Op houtskool gegrilde shiitakes- salade

INGREDIËNTEN:
- 8 ons Shiitakes
- 1 eetlepel olijfolie
- 1 eetlepel Tamari
- 1 eetlepel knoflook, geplet
- 1 theelepel rozemarijn, fijngehakt
- Zout en zwarte peper
- 1 theelepel Ahornsiroop
- 1 theelepel Sesamolie
- Edamame

INSTRUCTIES:
a) Champignons afspoelen. Haal de stengels eruit en gooi ze weg. Meng de champignons met de overige ingrediënten en marineer gedurende 5 minuten. Grill de doppen boven kolen tot ze licht geschroeid zijn.
b) Garneer met Edamame.

3.Bruine rijst en gegrilde groente

INGREDIËNTEN:
- 1½ kopje bruine rijst
- 4 courgettes, in de lengte gehalveerd
- 1 grote rode ui, kruislings in 3 dikke parten gesneden
- ¼ kopje olijfolie, plus...
- ⅓ kopje olijfolie
- 5 eetlepels sojasaus
- 3 eetlepels Worcestershiresaus
- 1½ kopje Mesquite-houtsnippers, 1 uur geweekt in koud water (optioneel)
- 2 kopjes verse maïskorrels
- ⅔ kopje Vers sinaasappelsap
- 1 eetlepel vers citroensap
- ½ kopje in blokjes gesneden Italiaanse peterselie

INSTRUCTIES:

a) Kook de rijst in een grote pan met kokend gezouten water tot hij net gaar is, ongeveer 30 minuten
b) Goed laten uitlekken. Laat afkoelen tot kamertemperatuur.
c) Meng ¼ kopje olie, 2 eetlepels sojasaus en 2 eetlepels Worcestershiresaus; Giet de courgette- en uiensegmenten in een ondiepe schaal. Laat 30 minuten marineren en draai de groenten gedurende deze tijd één keer om.
d) Klaar barbecue (matig tot hoog vuur). Wanneer de kolen wit worden, laat u de mesquitechips (indien gebruikt) uitlekken en strooit u deze over de kolen. Wanneer de frites beginnen te roken, legt u de ui en courgette op de grill en brengt u op smaak met zout en peper
e) Dek af en kook tot ze zacht en bruin zijn (ongeveer 8 minuten), af en toe draaiend en bestrijkend met pekel. Haal de groenten van de grill.
f) Snijd de uiensegmenten in vieren en de courgette in stukken van 1 inch. Doe het in een portieschotel met gekoelde rijst en maïs.
g) Klop sinaasappelsap, citroensap, ⅓ kopje olie, 3 eetlepels sojasaus en 1 eetlepel Worcestershiresaus door elkaar. Giet 1 kopje dressing over de salade en meng tot een mengsel. Roer de peterselie erdoor en breng op smaak met zout en peper.
h) Serveer de salade met extra dressing ernaast.

4. Avocado En Wehani Rijstsalade

INGREDIËNTEN:
- 1 kop Wehani-rijst
- 3 Rijpe pruimtomaatjes; gezaaid en in blokjes gesneden
- ¼ kopje In blokjes gesneden rode ui
- 1 kleine Jalapenopeper; gezaaid en in blokjes gesneden
- ¼ kopje fijngesneden koriander
- ¼ kopje extra vergine olijfolie
- 1 eetlepel limoensap
- ⅛ theelepel Selderijzaad
- Zout en peper; proeven
- 1 Rijpe avocado
- Gemengde babygroenten

INSTRUCTIES:
a) Kook Wehani-rijst volgens de instructies op de verpakking
b) Verdeel over de bakplaat om af te koelen.
c) Meng in een grote schaal rijst met tomaten, rode ui, jalapenopeper en koriander. Voeg extra vergine olijfolie, limoensap en selderiezaad toe. Breng op smaak met zout en peper
d) Voor het serveren de avocado schillen en in partjes snijden. Schik de segmenten over gemengde babygroenten.
e) Schep de Wehani-rijstsalade over de avocado's. Garneer eventueel met gegrilde groenten.

5.Rucola En Gegrilde Groentensalade

INGREDIËNTEN:
- 1½ kopje olijfolie
- ¼ kopje Citroensap
- ¼ kopje balsamicoazijn
- ¼ kopje verse kruiden; gelijke porties peterselie, rozemarijn, salie, tijm en oregano
- 4 scheutjes Tabasco-saus
- Zout en peper naar smaak
- 2 rode paprika's; gehalveerd
- 3 pruimtomaatjes; gehalveerd
- 2 matige rode uien
- 1 kleine aubergine; Gesegmenteerd 1/2" dik
- 10 champignons
- 10 kleine rode aardappelen; gekookt
- ⅓ kopje olijfolie
- Zout en peper naar smaak
- 3 bosjes rucola; gewassen en gedroogd
- 1 pond mozzarella; dun gesegmenteerd
- 1 kopje zwarte olijf; ontpit

INSTRUCTIES:
a) in een gematigd gerecht de olijfolie, citroensap, azijn, kruiden, tabascosaus en zout en peper; roer dan goed door elkaar. Opzij zetten.
b) Doe de paprika, tomaten, ui, aubergine, champignons en aardappelen in een zeer grote schaal. Voeg de olijfolie, zout en peper toe; Meng vervolgens goed om de groenten met de olie te bedekken.
c) Grill de groenten boven een matig heet vuur tot ze goed bruin zijn, 4 tot 6 minuten aan elke kant. Haal het van de grill en zodra het koel genoeg is om te hanteren, snijd je het in hapklare stukjes.
d) Maak een bedje van de rucola op een grote, ondiepe schaal. Verdeel de gegrilde groenten over de rucola, beleg met de mozzarella en olijven en serveer met de dressing ernaast.

6. Gegrilde Pompoen En Courgette

INGREDIËNTEN:

- ¼ kopje olijfolie
- 1 eetlepel Gehakte knoflook
- ¼ kopje Gehakte verse chilipeper van
- Uw keuze
- 2 eetlepels Cominozaad
- Zout en peper naar smaak
- 2 middelgrote courgettes, in de lengte gesneden
- 2 matige s Zomerpompoen, gesneden
- ¼ kopje olijfolie
- ⅓ kopje Vers limoensap
- 3 eetlepels honing
- ¼ kopje Ruwweg in blokjes gesneden verse koriander
- Zout en peper naar smaak

INSTRUCTIES:

a) Maak de dressing: klop alle ingrediënten in een kleine schaal door elkaar en zet opzij.

b) in een gematigde schaal de olijfolie, knoflook, chilipeper en cominozaad en meng goed. Voeg de pompoen- en courgetteplanken toe en meng goed zodat de pompoenen volledig bedekt zijn met het mengsel.

c) Leg de pompoenen op de grill boven een matig heet vuur en bak ze ongeveer 3 minuten aan elke kant, of tot ze goed bruin zijn. Haal de pompoenen van de grill, leg ze op een schaal, besprenkel met de dressing en serveer.

7.Gegrilde Eikelpompoen En Asperges

INGREDIËNTEN:
- 4 Eikelpompoen
- Zout; proeven
- Peper; proeven
- 4 takjes rozemarijn
- 4 eetlepels uien; gehakt
- 4 eetlepels Selderij; gehakt
- 4 eetlepels Wortelen; gehakt
- 4 eetlepels olijfolie
- 2 kopjes Groentebouillon
- 1 pond Quinoa; gewassen
- 2 pond Verse wilde paddenstoelen
- 2 pond Potloodasperges

INSTRUCTIES:
a) Wrijf de eikelpompoen krachtig in met zout, peper, olie en rozemarijn.

b) Grill met de voorkant naar beneden gedurende 8 minuten. Omdraaien, rozemarijn erin doen en 20 minuten afgedekt koken.

c) Doe de uien, selderij, wortels en 1 eetlepel olijfolie in een pot en kook. Voeg de bouillon en quinoa toe en breng aan de kook. Dek goed af en laat 10 minuten sudderen. Ontdek de pompoen, plaats het quinoamengsel in de pompoen en dek af. Kook nog eens 10 minuten.

d) Meng champignons en asperges lichtjes met olijfolie, zout en peper. Grill 3 minuten aan elke kant. Serveer pompoen met quinoa erin en laat paddenstoelen en asperges rondstromen.

8.Gegrilde Asperges En Tomaten

INGREDIËNTEN:
- 12 ons asperges, bijgesneden
- 6 Rijpe tomaten, gehalveerd
- 3 eetlepels olijfolie
- Zout en peper
- 1 teentje knoflook, fijngehakt
- 1 eetlepel Mosterd
- 3 eetlepels Balsamicoazijn
- ⅓ kopje olijfolie
- Zout en peper

INSTRUCTIES:
a) Verhit de grillpan op matig hoog vuur. Meng de asperges in een grote schaal met olijfolie en zout en peper. Bestrijk de tomaten met de resterende olijfolie in de schaal. Grill de asperges en tomaten afzonderlijk tot ze gaar zijn, maar niet uit elkaar vallen.
b) In een gerecht Meng knoflook, mosterd, balsamicoazijn en olijfolie met een garde of handmixer. Breng op smaak met zout en peper
c) Serveer gegrilde groenten besprenkeld met vinaigrette.

9. Salade van gegrilde aubergine en halloumi

INGREDIËNTEN:
- 1 grote aubergine, in rondjes gesneden
- 8 oz halloumi-kaas, in plakjes gesneden
- 2 eetlepels olijfolie
- 2 eetlepels balsamicoazijn
- 2 teentjes knoflook, fijngehakt
- Zout en peper naar smaak
- Gemengde groene salades
- Cherrytomaatjes, gehalveerd
- Kalamata-olijven, ontpit

INSTRUCTIES:
a) Verwarm de grill voor op middelhoog vuur.
b) Bestrijk de plakjes aubergine en halloumi-kaas aan beide kanten met olijfolie.
c) Grill de plakjes aubergine gedurende 3-4 minuten per kant, tot ze gaar zijn en grillsporen verschijnen.
d) Grill de plakjes halloumi-kaas gedurende 1-2 minuten per kant, tot ze licht goudbruin zijn en grillsporen verschijnen.
e) Meng in een kleine kom balsamicoazijn, gehakte knoflook, zout en peper.
f) Schik de gemengde saladegroenten op een serveerschaal. Beleg met gegrilde plakjes aubergine, gegrilde plakjes halloumi-kaas, kerstomaatjes en Kalamata-olijven.
g) Druppel de balsamicodressing over de salade.
h) Serveer onmiddellijk als een smaakvolle en bevredigende gegrilde groentesalade.

10. Kom met gegrilde groenten en Halloumi Quinoa

INGREDIËNTEN:
- 1 kopje quinoa, gekookt
- 1 courgette, in de lengte gesneden
- 1 gele pompoen, in de lengte gesneden
- 1 rode ui, in rondjes gesneden
- 1 rode paprika, zonder zaadjes en in vieren
- 1 gele paprika, zonder zaadjes en in vieren
- 8 oz halloumi-kaas, in plakjes gesneden
- 2 eetlepels olijfolie
- Zout en peper naar smaak
- Griekse yoghurt-tahindressing
- Verse peterselie, gehakt (voor garnering)

INSTRUCTIES:
a) Verwarm de grill voor op middelhoog vuur.
b) Bestrijk courgette, gele pompoen, rode ui, paprika en halloumi-kaas met olijfolie. Breng op smaak met zout en peper.
c) Grill de groenten en halloumi-kaas 3-4 minuten per kant, tot ze gaar zijn en grillsporen verschijnen.
d) Haal van de grill en laat iets afkoelen. Snijd de groenten en halloumi in hapklare stukjes.
e) Meng in een kom gekookte quinoa, gegrilde groenten en halloumi-kaas.
f) Besprenkel met Griekse yoghurt-tahinidressing en schep om.
g) Garneer voor het serveren met gehakte verse peterselie.

11. Salade van gegrilde portobello-champignons en spinazie

INGREDIËNTEN:
- 4 grote portobello-champignons, stengels verwijderd
- 6 kopjes babyspinazieblaadjes
- 1 kop kerstomaatjes, gehalveerd
- 1/4 kop rode ui, in dunne plakjes gesneden
- 1/4 kopje verkruimelde fetakaas
- 2 eetlepels balsamicoazijn
- 2 eetlepels olijfolie
- 1 teentje knoflook, fijngehakt
- Zout en peper naar smaak

INSTRUCTIES:
a) Verwarm de grill voor op middelhoog vuur.
b) Bestrijk de portobello-champignons met olijfolie en breng op smaak met zout en peper.
c) Grill de champignons 4-5 minuten per kant, tot ze gaar zijn en grillstrepen verschijnen.
d) Haal de champignons van de grill en laat iets afkoelen. Snijd in reepjes.
e) Meng in een grote kom babyspinazieblaadjes, kerstomaatjes, rode ui en verkruimelde fetakaas.
f) Meng in een kleine kom balsamicoazijn, olijfolie, gehakte knoflook, zout en peper.
g) Voeg de gegrilde plakjes portobello-champignon toe aan de kom met de salade.
h) Sprenkel de balsamicodressing over de salade en meng door elkaar.
i) Serveer onmiddellijk als een heerlijke en voedzame gegrilde groentesalade.

GEROOSTERDE SALADES VAN PEULEN EN GRAAN

12. Salade van gegrilde groenten en couscous

INGREDIËNTEN:
- 1 kop couscous, gekookt
- 1 courgette, in de lengte gesneden
- 1 gele pompoen, in de lengte gesneden
- 1 rode ui, in rondjes gesneden
- 1 rode paprika, zonder zaadjes en in vieren
- 1 gele paprika, zonder zaadjes en in vieren
- 1 kop kerstomaatjes
- 2 eetlepels olijfolie
- 2 eetlepels balsamicoazijn
- 1 eetlepel vers citroensap
- 1 teentje knoflook, fijngehakt
- Zout en peper naar smaak
- Verse basilicumblaadjes, gehakt (voor garnering)

INSTRUCTIES:
a) Verwarm de grill voor op middelhoog vuur.
b) Bestrijk de courgette, gele pompoen, rode ui en paprika met olijfolie. Breng op smaak met zout en peper.
c) Grill de groenten 3-4 minuten per kant, tot ze gaar zijn en grillsporen verschijnen.
d) Haal de groenten van de grill en laat iets afkoelen. Snijd in hapklare stukjes.
e) Meng gekookte couscous, gegrilde groenten en kerstomaatjes in een grote kom.
f) Meng in een kleine kom balsamicoazijn, citroensap, gehakte knoflook, zout en peper.
g) Druppel de dressing over de salade en meng door elkaar.
h) Garneer voor het serveren met gehakte verse basilicumblaadjes.

13. Gegrilde maïssalade

INGREDIËNTEN:
- 1 1/2 theelepel olijfolie
- 1/2 theelepel zout
- 4 korenaren
- 1/4 theelepel peper
- 2 Eetlepels limoensap
- 1/8 theelepel knoflookpoeder
- 1 1/2 theelepel olijfolie
- 1 kopje in blokjes gesneden tomaat
- 2 theelepels suiker
- 1 kopje in blokjes gesneden komkommer, zonder zaadjes en geschild

INSTRUCTIES:
a) Bedruip de maïs met 1 1/2 theelepel olijfolie
b) Grill de mais gedurende 20 minuten tot hij lichtbruin is.
c) Meng het limoensap, de olijfolie, de suiker, het zout, de peper en het knoflookpoeder door elkaar. Gooi de maïs, tomaat en komkommer erdoor.
d) Meng goed en serveer de salade.

14. Gegrilde Confetti Groenten

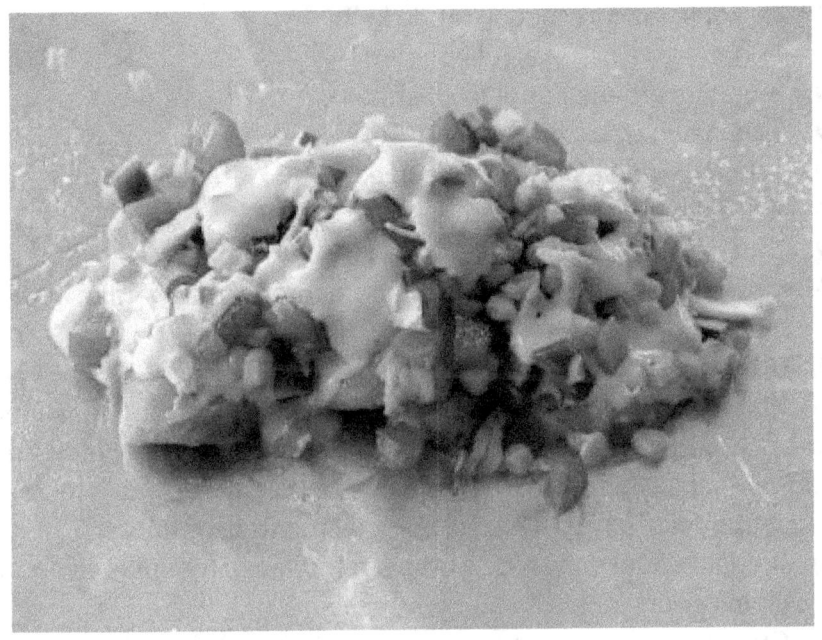

INGREDIËNTEN:
- 8 kerstomaatjes; - gehalveerd, maximaal 10
- 1½ kopje maïs gesneden uit de kolf
- 1 Zoete rode paprika; julienne
- ½ matige groene paprika; julienne
- 1 kleine ui; Gesegmenteerd
- 1 eetlepel verse basilicumblaadjes; in blokjes gesneden
- ¼ theelepel Geraspte citroenschil
- Zout en peper; proeven
- 1 eetlepel + 1 theelepel ongezouten boter of; margarine; insnijden

INSTRUCTIES:
a) Meng alle ingrediënten behalve boter in een grote schaal; meng voorzichtig om goed te mengen. Verdeel het groentemengsel doormidden. Plaats elke helft in het midden van een stuk stevig aluminiumfolie van 30 x 30 cm. Stip de groenten met boter

b) Breng de hoeken van de folie samen om een piramide te vormen; draai om te verzegelen.

c) Grill foliepakketten op matig hete kolen gedurende 15 tot 20 minuten, of tot de groenten gaar zijn. Serveer onmiddellijk.

15. Salade van gegrilde groenten en kikkererwten

INGREDIËNTEN:
- 1 courgette, in de lengte gesneden
- 1 gele pompoen, in de lengte gesneden
- 1 rode ui, in rondjes gesneden
- 1 rode paprika, zonder zaadjes en in vieren
- 1 gele paprika, zonder zaadjes en in vieren
- 1 blik kikkererwten (15 oz), uitgelekt en afgespoeld
- 2 eetlepels olijfolie
- Zout en peper naar smaak
- Citroenkruidendressing
- Gemengde groene salades

INSTRUCTIES:
a) Verwarm de grill voor op middelhoog vuur.
b) Bestrijk de courgette, gele pompoen, rode ui en paprika met olijfolie. Breng op smaak met zout en peper.
c) Grill de groenten 3-4 minuten per kant, tot ze gaar zijn en grillsporen verschijnen.
d) Haal van de grill en laat iets afkoelen. Snijd de groenten in hapklare stukjes.
e) Meng de gegrilde groenten en kikkererwten in een grote kom.
f) Meng met de citroenkruidendressing tot alles goed bedekt is.
g) Serveer over gemengde saladegroenten.

15.Salade van gegrilde groenten en kikkererwten

INGREDIËNTEN:
- 1 courgette, in de lengte gesneden
- 1 gele pompoen, in de lengte gesneden
- 1 rode ui, in rondjes gesneden
- 1 rode paprika, zonder zaadjes en in vieren
- 1 gele paprika, zonder zaadjes en in vieren
- 1 blik kikkererwten (15 oz), uitgelekt en afgespoeld
- 2 eetlepels olijfolie
- Zout en peper naar smaak
- Citroenkruidendressing
- Gemengde groene salades

INSTRUCTIES:
a) Verwarm de grill voor op middelhoog vuur.
b) Bestrijk de courgette, gele pompoen, rode ui en paprika met olijfolie. Breng op smaak met zout en peper.
c) Grill de groenten 3-4 minuten per kant, tot ze gaar zijn en grillsporen verschijnen.
d) Haal van de grill en laat iets afkoelen. Snijd de groenten in hapklare stukjes.
e) Meng de gegrilde groenten en kikkererwten in een grote kom.
f) Meng met de citroenkruidendressing tot alles goed bedekt is.
g) Serveer over gemengde saladegroenten.

16. Salade van gegrilde portobello-champignons en quinoa

INGREDIËNTEN:
- 4 grote portobello-champignons, stengels verwijderd
- 1 kopje quinoa, gekookt
- 1 rode paprika, in blokjes gesneden
- 1 gele paprika, in blokjes gesneden
- 1/4 kop gehakte verse peterselie
- 2 eetlepels balsamicoazijn
- 2 eetlepels olijfolie
- 1 teentje knoflook, fijngehakt
- Zout en peper naar smaak

INSTRUCTIES:
a) Verwarm de grill voor op middelhoog vuur.
b) Bestrijk de portobello-champignons met olijfolie en breng op smaak met zout en peper.
c) Grill de champignons 4-5 minuten per kant, tot ze gaar zijn en grillstrepen verschijnen.
d) Haal de champignons van de grill en laat iets afkoelen. Snijd in reepjes.
e) Meng in een grote kom gekookte quinoa, in blokjes gesneden rode paprika, in blokjes gesneden gele paprika en gehakte verse peterselie.
f) Meng in een kleine kom balsamicoazijn, olijfolie, gehakte knoflook, zout en peper.
g) Voeg de gegrilde plakjes portobello-champignon toe aan de kom met de quinoasalade.
h) Sprenkel de balsamicodressing over de salade en meng door elkaar.
i) Serveer warm of op kamertemperatuur als een stevige en voedzame gegrilde groentesalade.

17.Salade van gegrilde maïs en zwarte bonen

INGREDIËNTEN:
- 2 korenaren, gepeld
- 1 blikje zwarte bonen (15 oz), afgespoeld en uitgelekt
- 1 rode paprika, in blokjes gesneden
- 1/2 rode ui, in blokjes gesneden
- 1/4 kop gehakte verse koriander
- Sap van 1 limoen
- 2 eetlepels olijfolie
- Zout en peper naar smaak

INSTRUCTIES:
a) Verwarm de grill voor op middelhoog vuur.
b) Plaats de maïs op de grill en kook, af en toe draaiend, tot de korrels verkoold en zacht zijn, ongeveer 10-12 minuten.
c) Haal de maïs van de grill en laat iets afkoelen. Snijd de korrels van de kolf en doe ze in een grote kom.
d) Voeg zwarte bonen, in blokjes gesneden rode paprika, in blokjes gesneden rode ui en gehakte verse koriander toe aan de kom met de maïs.
e) Meng in een kleine kom limoensap, olijfolie, zout en peper. Giet over de salade en meng om te combineren.
f) Serveer onmiddellijk of laat het in de koelkast staan, zodat de smaken zich kunnen vermengen voordat u het serveert.

18. Gegrilde groente- en linzensalade met quinoa

INGREDIËNTEN:
- 1 kopje quinoa, afgespoeld
- 2 kopjes water of groentebouillon
- 1 kopje groene linzen, gespoeld
- 2 kopjes gemengde groenten (zoals paprika, courgette, kerstomaatjes)
- 2 eetlepels olijfolie
- Zout en peper naar smaak
- Voor de dressing:
- 1/4 kopje olijfolie
- 2 eetlepels balsamicoazijn
- 1 eetlepel Dijon-mosterd
- 1 teentje knoflook, fijngehakt
- Zout en peper naar smaak
- Verse peterselie of basilicum voor garnering (optioneel)

INSTRUCTIES:
a) Breng in een middelgrote pan water of groentebouillon aan de kook. Voeg quinoa toe, zet het vuur laag, dek af en laat 15 minuten sudderen, of tot de quinoa gaar is en de vloeistof is opgenomen. Haal het van het vuur en laat het 5 minuten staan, waarna je het losmaakt met een vork.

b) Breng in een andere middelgrote pan water aan de kook. Voeg de linzen toe, zet het vuur laag, dek af en laat 20-25 minuten sudderen, of tot de linzen zacht maar niet papperig zijn. Giet overtollig water af en zet opzij.

c) Verwarm de grill voor op middelhoog vuur. Meng de groenten met olijfolie, zout en peper.

d) Grill de groenten 3-4 minuten per kant, of tot ze gaar en licht verkoold zijn. Haal ze van de grill en laat ze iets afkoelen.

e) Meng gekookte quinoa, gekookte linzen en gegrilde groenten in een grote kom.

f) Meng in een kleine kom de ingrediënten voor de dressing door elkaar. Giet het mengsel over de salade en meng het gelijkmatig.

g) Garneer eventueel met verse peterselie of basilicum. Serveer warm of op kamertemperatuur.

19. Salade van gegrilde kikkererwten en couscous

INGREDIËNTEN:
- 1 kopje couscous
- 1 1/4 kopjes groentebouillon of water
- 1 blik kikkererwten (15 oz), uitgelekt en afgespoeld
- 2 eetlepels olijfolie
- 1 theelepel gemalen komijn
- 1 theelepel gerookte paprikapoeder
- Zout en peper naar smaak
- 1 rode paprika, in blokjes gesneden
- 1 gele paprika, in blokjes gesneden
- 1/4 kop gehakte verse koriander
- Sap van 1 citroen
- Schil van 1 citroen

INSTRUCTIES:
a) Breng in een middelgrote pan groentebouillon of water aan de kook. Voeg couscous toe, dek af en haal van het vuur. Laat het 5 minuten staan en roer het dan los met een vork.
b) Verwarm de grill voor op middelhoog vuur. Meng de kikkererwten in een kom met olijfolie, gemalen komijn, gerookte paprikapoeder, zout en peper.
c) Grill de kikkererwten gedurende 10-12 minuten, af en toe roerend, tot ze knapperig en licht verkoold zijn.
d) Meng in een grote kom gekookte couscous, gegrilde kikkererwten, in blokjes gesneden rode paprika, in blokjes gesneden gele paprika, gehakte verse koriander, citroensap en citroenschil.
e) Meng om te combineren en pas de kruiden aan indien nodig. Serveer warm of op kamertemperatuur.

20. Salade van tofu en bruine rijst met Edamame

INGREDIËNTEN:
- 1 blok (14 oz) extra stevige tofu, geperst en uitgelekt
- 1 kopje gekookte bruine rijst
- 1 kopje gepelde edamame, gekookt
- 2 kopjes gemengde saladegroenten
- 1 eetlepel sesamolie
- 2 eetlepels sojasaus of tamari
- 1 eetlepel rijstazijn
- 1 eetlepel honing of ahornsiroop
- 1 theelepel geraspte gember
- 1 teentje knoflook, fijngehakt
- Zout en peper naar smaak
- Sesamzaadjes ter garnering

INSTRUCTIES:
a) Verwarm de grill voor op middelhoog vuur. Snij de geperste tofu in blokjes.
b) Meng in een kom sesamolie, sojasaus, rijstazijn, honing of ahornsiroop, geraspte gember, gehakte knoflook, zout en peper.
c) Gooi de tofublokjes door de marinade en zorg ervoor dat ze gelijkmatig bedekt zijn. Laat 15-20 minuten marineren.
d) Grill de gemarineerde tofublokjes gedurende 3-4 minuten per kant, tot ze licht verkoold zijn.
e) Meng in een grote kom gekookte bruine rijst, gekookte edamame, gemengde slagroenten en gegrilde tofublokjes.
f) Besprenkel met de overgebleven marinade en meng om te combineren. Garneer met sesamzaadjes. Serveer warm of op kamertemperatuur.

21. Groenten- en Farro-salade met witte bonen

INGREDIËNTEN:
- 1 kopje farro, gespoeld
- 2 kopjes groentebouillon of water
- 1 blikje witte bonen (15 oz), uitgelekt en afgespoeld
- 2 eetlepels olijfolie
- 1 eetlepel balsamicoazijn
- 1 theelepel gedroogde tijm
- Zout en peper naar smaak
- 2 kopjes gemengde gegrilde groenten (zoals aubergine, courgette, paprika, kerstomaatjes)
- 1/4 kop gehakte verse peterselie

INSTRUCTIES:
a) Breng in een middelgrote pan groentebouillon of water aan de kook. Voeg farro toe, zet het vuur laag, dek af en laat 25-30 minuten sudderen, of tot de farro gaar is. Giet overtollige vloeistof af en laat iets afkoelen.
b) Meng in een grote kom olijfolie, balsamicoazijn, gedroogde tijm, zout en peper.
c) Gooi gekookte farro en witte bonen in de vinaigrette tot ze gelijkmatig bedekt zijn.
d) Verwarm de grill voor op middelhoog vuur. Meng de gegrilde groenten met olijfolie, zout en peper.
e) Grill de groenten 3-4 minuten per kant, of tot ze gaar en licht verkoold zijn. Haal ze van de grill en laat ze iets afkoelen.
f) Voeg gegrilde groenten en gehakte verse peterselie toe aan de kom met de farro en witte bonen. Gooi om te combineren. Serveer warm of op kamertemperatuur.

22.Salade van gegrilde kikkererwten en bulgur

INGREDIËNTEN:
- 1 kopje bulgurtarwe
- 1 ½ kopje groentebouillon of water
- 1 blik kikkererwten (15 oz), uitgelekt en afgespoeld
- 2 eetlepels olijfolie
- 1 theelepel gemalen komijn
- 1 theelepel gerookte paprikapoeder
- Zout en peper naar smaak
- 1 rode paprika, in blokjes gesneden
- 1 gele paprika, in blokjes gesneden
- 1 komkommer, in blokjes gesneden
- 1/4 kop gehakte verse peterselie
- Sap van 1 citroen
- 2 eetlepels rode wijnazijn

INSTRUCTIES:
a) Breng in een middelgrote pan groentebouillon of water aan de kook. Voeg bulgurtarwe toe, dek af en laat 10-12 minuten sudderen, of tot ze gaar zijn. Haal van het vuur en laat het iets afkoelen.
b) Verwarm de grill voor op middelhoog vuur. Meng de kikkererwten in een kom met olijfolie, gemalen komijn, gerookte paprikapoeder, zout en peper.
c) Grill de kikkererwten gedurende 10-12 minuten, af en toe roerend, tot ze knapperig en licht verkoold zijn.
d) Meng in een grote kom gekookte bulgurtarwe, gegrilde kikkererwten, in blokjes gesneden rode paprika, in blokjes gesneden gele paprika, in blokjes gesneden komkommer, gehakte verse peterselie, citroensap en rode wijnazijn.
e) Meng om te combineren en pas de kruiden aan indien nodig. Serveer warm of op kamertemperatuur.

23. Linzen- en gerstsalade met geroosterde groenten

INGREDIËNTEN:
- 1 kopje gerst
- 2 kopjes groentebouillon of water
- 1 kopje groene linzen, gespoeld
- 3 kopjes gemengde groenten (zoals wortels, paprika, rode uien)
- 2 eetlepels olijfolie
- Zout en peper naar smaak
- 1/4 kop gehakte verse basilicum of peterselie
- Balsamicovinaigrettedressing

INSTRUCTIES:
a) Breng in een middelgrote pan groentebouillon of water aan de kook. Voeg de gerst toe, zet het vuur laag, dek af en laat 30-35 minuten sudderen, of tot het gaar is. Haal van het vuur en laat het iets afkoelen.

b) Verwarm de grill voor op middelhoog vuur. Meng de groenten met olijfolie, zout en peper.

c) Grill de groenten 4-5 minuten per kant, of tot ze gaar en licht verkoold zijn. Haal ze van de grill en laat ze iets afkoelen.

d) Combineer groene linzen in een aparte pan met voldoende water om 5 cm onder water te staan. Breng aan de kook, zet het vuur lager en laat 20-25 minuten sudderen, of tot het gaar maar niet papperig is. Giet het overtollige water af en laat ze iets afkoelen.

e) Meng in een grote kom gekookte gerst, gekookte linzen, gegrilde groenten, gehakte verse basilicum of peterselie en balsamicovinaigrettedressing. Gooi om te combineren. Serveer warm of op kamertemperatuur.

GEGRILDE FRUITSALADES

24.Salade van gegrilde peer en blauwe kaas

INGREDIËNTEN:
- 30 gram boter; (1 ons)
- 4 Zachte dessertperen
- 175 gram Dolcelatte-kaas; (6 ons)
- Gemengde slablaadjes
- Zout en zwarte peper
- Vinaigrette

INSTRUCTIES:
a) Verwarm de grill voor.
b) Smelt de boter en breng licht op smaak. Halveer de peren, haal het klokhuis eruit en snijd het vruchtvlees in waaiers, laat de steeluiteinden ongesneden.
c) Druk zachtjes op de ventilatoren om het fruit plat te maken en bestrijk het met de gekruide boter.
d) Bak onder de grill tot ze bruin zijn.
e) Snijd de kaas in segmenten of in blokjes, verdeel de stukken over de peren en stapel de kaas er langzaam bovenop.
f) Zet het vuur terug en kook tot de kaas bubbelt.
g) Maak ondertussen de blaadjes klaar en schik er wat op elk van de vier borden.
h) Haal de peren langzaam uit de grillpan en leg op elk bord salade 2 helften. Breng op smaak met peper en zout en serveer

25. Gegrilde watermeloensalade

INGREDIËNTEN:
- 4 dikke plakjes watermeloen, schil verwijderd
- 4 kopjes rucola
- ½ kopje verkruimelde fetakaas
- ¼ kopje gehakte muntblaadjes
- ¼ kopje balsamicoglazuur

INSTRUCTIES:
a) Verwarm de grill voor op hoog vuur.
b) Grill de plakjes watermeloen gedurende 1-2 minuten aan elke kant tot ze licht verkoold zijn.
c) Schik de rucola op een serveerschaal.
d) Beleg met gegrilde watermeloenplakken, verkruimelde fetakaas en gehakte muntblaadjes.
e) Besprenkel met balsamicoglazuur en serveer.

26. Salade van gegrilde perzik en rucola

INGREDIËNTEN:
- 3 perziken, gehalveerd en ontpit
- 4 kopjes rucola
- ¼ kopje gehakte verse munt
- ¼ kopje verkruimelde fetakaas
- 2 eetlepels balsamicoazijn
- 2 eetlepels olijfolie
- Zout en zwarte peper

INSTRUCTIES:
a) Verwarm de grill voor op middelhoog vuur.
b) Bestrijk de perzikhelften met olijfolie en breng op smaak met zout en zwarte peper.
c) Grill de perzikhelften 2-3 minuten aan elke kant of tot er grillstrepen verschijnen.
d) Haal van de grill en laat afkoelen.
e) Snij de gegrilde perziken in hapklare stukjes.
f) Meng in een grote kom de rucola, stukjes gegrilde perzik, gehakte munt en verkruimelde fetakaas.
g) Meng balsamicoazijn en olijfolie in een kleine kom.
h) Sprenkel de balsamicovinaigrette over de salade en meng door elkaar.
i) Breng op smaak met zout en zwarte peper.
j) Serveer onmiddellijk.

27.Salade van gegrilde ananas en avocado

INGREDIËNTEN:
- 1 verse ananas, geschild en zonder klokhuis
- 2 avocado's, ontpit en in plakjes gesneden
- 4 kopjes gemengde groenten
- ¼ kopje gehakte verse koriander
- 2 eetlepels limoensap
- 2 eetlepels olijfolie
- Zout en zwarte peper

INSTRUCTIES:
a) Snij de ananas in rondjes van 1 inch.
b) Bestrijk de ananasrondjes met olijfolie en breng op smaak met zout en zwarte peper.
c) Verwarm de grill voor op middelhoog vuur.
d) Grill de ananasrondjes 2-3 minuten aan elke kant of tot ze licht verkoold zijn.
e) Haal van de grill en laat afkoelen.
f) Snij de gegrilde ananas in hapklare stukjes.
g) Meng in een grote kom de gemengde groenten, gegrilde ananasstukjes, gesneden avocado's en gehakte koriander.
h) Klop in een kleine kom het limoensap en de olijfolie door elkaar.
i) Druppel de limoendressing over de salade en meng door elkaar.
j) Breng op smaak met zout en zwarte peper.
k) Serveer onmiddellijk.

28. Gegrilde steenfruitsalade

INGREDIËNTEN:
- 2 perziken, gehalveerd en ontpit
- 2 nectarines, gehalveerd en ontpit
- 2 pruimen, gehalveerd en ontpit
- 2 eetlepels olijfolie
- 1 eetlepel honing
- 2 eetlepels gehakte verse basilicum
- 2 eetlepels verkruimelde geitenkaas
- Zout en zwarte peper

INSTRUCTIES:
a) Verwarm de grill voor op middelhoog vuur.
b) Bestrijk de gehalveerde steenvruchten met olijfolie.
c) Grill de steenvruchten 2-3 minuten aan elke kant of tot ze licht verkoold zijn.
d) Haal van de grill en laat afkoelen.
e) Snij de gegrilde steenvruchten in hapklare stukjes.
f) Meng in een grote kom het gegrilde steenfruit, de honing, de gehakte basilicum en de verkruimelde geitenkaas.
g) Breng op smaak met zout en zwarte peper.
h) Koel Serveren.

29. Salade van gegrilde perzik en gedroogde ham

INGREDIËNTEN:
- 4 perziken, gehalveerd en ontpit
- 4 plakjes gedroogde ham
- 4 kopjes babyspinazie
- ¼ kopje verkruimelde geitenkaas
- 2 eetlepels olijfolie
- 2 eetlepels balsamicoglazuur
- Zout en zwarte peper

INSTRUCTIES:
a) Verwarm de grill voor op middelhoog vuur.
b) Bestrijk de perzikhelften met olijfolie en breng op smaak met zout en zwarte peper.
c) Grill de perzikhelften 2-3 minuten aan elke kant of tot ze licht verkoold zijn.
d) Haal van de grill en laat afkoelen.
e) Wikkel een plakje gedroogde ham rond elke perzikhelft.
f) Meng in een grote kom de babyspinazie, de verkruimelde geitenkaas en de gegrilde perzikhelften.
g) Sprenkel het balsamicoglazuur over de salade en meng het door elkaar.
h) Koel Serveren.

30.Salade van gegrilde ananas en garnalen

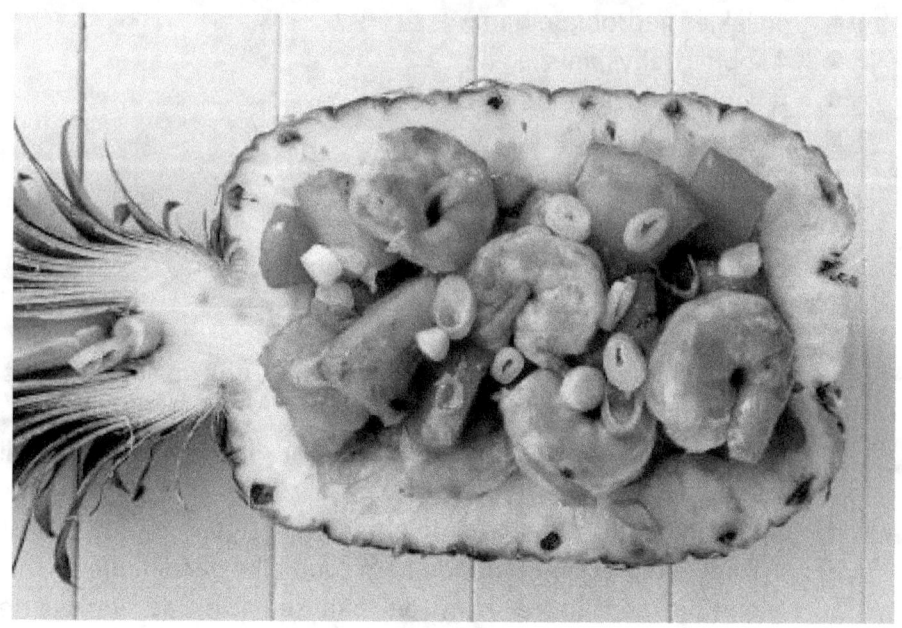

INGREDIËNTEN:
- 1 rijpe ananas, geschild en in stukjes gesneden
- 1 pond grote garnalen, gepeld en ontdaan van darmen
- 2 eetlepels olijfolie
- 2 eetlepels limoensap
- ¼ kopje gehakte verse koriander
- Zout en zwarte peper

INSTRUCTIES:
a) Verwarm de grill voor op middelhoog vuur.
b) Meng in een kleine kom olijfolie, limoensap, gehakte koriander, zout en zwarte peper.
c) Rijg de ananasstukjes en garnalen aan spiesjes.
d) Bestrijk de spiesjes met het olijfoliemengsel.
e) Grill de spiesjes 2-3 minuten aan elke kant of tot de garnalen roze en gaar zijn.
f) Haal van de grill en laat afkoelen.
g) Snij de gegrilde ananas in hapklare stukjes.
h) Meng in een grote kom de gegrilde ananas, garnalen en het resterende olijfoliemengsel.
i) Koel Serveren.

31. Salade van gegrilde vijgen en halloumi

INGREDIËNTEN:
- 6 rijpe vijgen, gehalveerd
- 8 ons halloumi-kaas, in plakjes gesneden
- 4 kopjes gemengde groenten
- ¼ kopje gehakte verse peterselie
- ¼ kopje gehakte walnoten
- 2 eetlepels honing
- 2 eetlepels olijfolie
- 2 eetlepels rode wijnazijn
- Zout en zwarte peper

INSTRUCTIES:
a) Verwarm de grill voor op middelhoog vuur.
b) Bestrijk de vijgenhelften en plakjes halloumi met olijfolie en breng op smaak met zout en zwarte peper.
c) Grill de vijgen en halloumi 2-3 minuten aan elke kant of tot ze licht verkoold zijn.
d) Haal van de grill en laat afkoelen.
e) Meng in een grote kom de gemengde groenten, gehakte peterselie, gehakte walnoten, gegrilde vijgen en gegrilde halloumi.

32. Gegrilde mangosalsa

INGREDIËNTEN:
- 2 rijpe mango's, geschild en in blokjes gesneden
- ½ rode ui, fijngehakt
- 1 jalapeñopeper, zonder zaadjes en fijngehakt
- ¼ kopje gehakte verse koriander
- 2 eetlepels limoensap
- 1 eetlepel olijfolie
- Zout en zwarte peper

INSTRUCTIES:
a) Verwarm de grill voor op middelhoog vuur.
b) Bestrijk de mangostukjes met olijfolie en breng op smaak met zout en zwarte peper.
c) Grill de mangostukjes 2-3 minuten aan elke kant of tot er grillstrepen verschijnen.
d) Haal van de grill en laat afkoelen.
e) Meng in een middelgrote kom de gegrilde mango, rode ui, jalapeñopeper, koriander, limoensap en olijfolie.
f) Breng op smaak met zout en zwarte peper.
g) Serveer met tortillachips of als topping voor gegrilde kip of vis.

33. Gegrilde Fruitschaal

INGREDIËNTEN:
- ½ kopje wit druivensap
- ¼ kopje suiker
- 1 ananas, geschild, klokhuis verwijderd en in ½ inch gesneden
- 2 rijpe zwarte of paarse pruimen, gehalveerd en ontpit
- 2 rijpe perziken, gehalveerd en ontpit
- 2 rijpe bananen, in de lengte gehalveerd

INSTRUCTIES:
a) Verwarm de grill voor. Verwarm het druivensap en de suiker in een kleine pan op middelhoog vuur, al roerend, tot de suiker is opgelost. Haal van het vuur en zet opzij om af te koelen.
b) Leg het fruit op de hete grill en grill gedurende 2 tot 4 minuten, afhankelijk van het fruit.
c) Schik het gegrilde fruit op een serveerschaal en besprenkel met de siroop. Serveer op kamertemperatuur.

34.Gebarbecued kerrie vers fruit

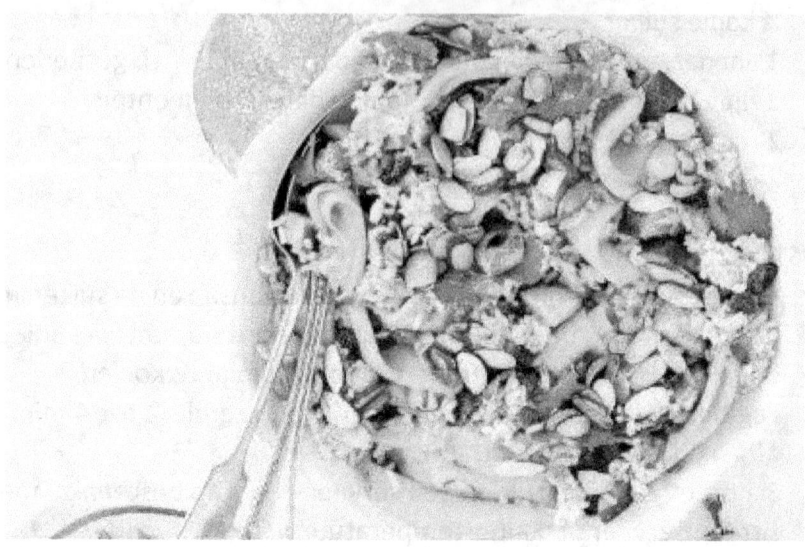

INGREDIËNTEN:
- Vanille-ijs
- 1 kopje ELK, meloen- en honingmeloenballetjes
- 1 kop ananasblokjes, vers of ingeblikt, uitgelekt
- 2 eetlepels Boter
- ¼ kopje Verpakte bruine suiker
- 1 eetlepel Currypoeder

INSTRUCTIES:
a) Schik de meloenballetjes en stukjes ananas in een vierkante foliepan van 20 cm.
b) Giet 1 kopje water in een andere vierkante foliepan van 8 inch. Plaats de pan met fruit in de pan met water. Smelt de boter in een kleine pan op matig laag vuur, roer de suiker en het kerriepoeder erdoor.
c) Verdeel het botermengsel gelijkmatig over het fruit
d) Plaats pannen op het barbecuerooster.
e) Grill op matig laag vuur gedurende 10-15 minuten of langer tot de saus bubbelt

35.Mango chow

INGREDIËNTEN:
- ½ theelepel zeezout
- ¼ theelepel zwarte peper
- 6 teentjes knoflook, gepeld en in dunne plakjes gesneden
- 2 bananensjalotten, geschild, gehalveerd en in dunne plakjes gesneden
- 2 groene mango's
- 1 klein handje korianderblaadjes, gewassen, gedroogd en fijngehakt
- Sap van 1 citroen of limoen
- 1 theelepel witte wijnazijn
- 1-2 chilipepers, ontpit en in dunne plakjes gesneden

INSTRUCTIES:
a) Doe het zout, de peper, de knoflook en de sjalotjes in een kom.
b) Schil de mango's en snijd ze in partjes om de pitjes te verwijderen.
c) Snijd elk partje in dunne plakjes en doe het in de kom, samen met het koriander-, citroen- of limoensap en de azijn.
d) Meng goed met een lepel om te voorkomen dat de chili je handen verbrandt, proef en breng op smaak.
e) Serveer onmiddellijk of laat minstens een uur in de koelkast rusten alvorens te serveren.

36. Salade van gegrilde appel en geitenkaas

INGREDIËNTEN:
- 2 appels, zonder klokhuis en in partjes gesneden
- 4 kopjes gemengde saladegroenten
- 1/2 kopje verkruimelde geitenkaas
- 1/4 kop gehakte walnoten, geroosterd
- 2 eetlepels olijfolie
- 1 eetlepel balsamicoazijn
- 1 theelepel honing
- Zout en peper naar smaak

INSTRUCTIES:
a) Verwarm de grill voor op middelhoog vuur. Bestrijk de appelpartjes met olijfolie en gril ze 2-3 minuten per kant, of tot er grillstrepen verschijnen.
b) Meng in een kleine kom olijfolie, balsamicoazijn, honing, zout en peper om de dressing te maken.
c) Schik de gemengde saladegroenten op een serveerschaal. Beleg met gegrilde appelpartjes, verkruimelde geitenkaas en geroosterde walnoten.
d) Druppel de dressing over de salade. Serveer onmiddellijk.

37. Salade van gegrilde aardbeien en spinazie

INGREDIËNTEN:
- 2 kopjes verse aardbeien, gepeld en gehalveerd
- 6 kopjes babyspinazieblaadjes
- 1/4 kopje gesneden amandelen, geroosterd
- 2 eetlepels balsamicoazijn
- 1 eetlepel olijfolie
- 1 theelepel honing
- Zout en peper naar smaak

INSTRUCTIES:
a) Verwarm de grill voor op middelhoog vuur. Rijg de aardbeienhelften aan spiesjes.
b) Grill de aardbeien 2-3 minuten per kant, of tot er grillstrepen verschijnen.
c) Meng in een kleine kom balsamicoazijn, olijfolie, honing, zout en peper om de dressing te maken.
d) Schik de babyspinazieblaadjes op een serveerschaal. Werk af met gegrilde aardbeien en gesneden amandelen.
e) Druppel de dressing over de salade. Serveer onmiddellijk.

38.Gegrilde citrusfruitsalade

INGREDIËNTEN:
- 2 sinaasappels, geschild en in rondjes gesneden
- 2 grapefruits, geschild en in rondjes gesneden
- 2 eetlepels honing
- 1 eetlepel olijfolie
- 1 eetlepel gehakte verse muntblaadjes
- Snufje zeezout

INSTRUCTIES:
a) Verwarm de grill voor op middelhoog vuur. Bestrijk de sinaasappel- en grapefruitplakken met olijfolie.
b) Grill de fruitplakken gedurende 1-2 minuten per kant, of tot er grillstrepen verschijnen.
c) Schik de gegrilde citrusvruchten op een serveerschaal. Besprenkel met honing en bestrooi met gehakte verse muntblaadjes en een snufje zeezout.
d) Serveer onmiddellijk als een verfrissende en levendige salade.

GEGRILDE SALADES VAN RUNDVLEES/VARKENS/LAM

39.Salade van gegrilde rundvlees -gedroogde ham

INGREDIËNTEN:

- ½ kopje olijfolie
- 3 teentjes knoflook; grof gesneden
- 4 takjes rozemarijn
- 8 ons; ossenhaas
- Zout en versgemalen zwarte peper
- 2 citroenen; gegrild
- 1 eetlepel Grof gesneden sjalot
- 1 eetlepel grof gesneden verse rozemarijn
- 3 teentjes gegrilde knoflook
- ½ kopje olijfolie
- Zout en versgemalen peper
- 8 kopjes in blokjes gesneden Romeinse sla
- Gegrilde citroen- gegrilde knoflookvinaigrette
- 8 segmenten Gedroogde ham; julienne
- 12 lente-uitjes; gegrild en in blokjes gesneden
- 2 Rode tomaten; in blokjes gesneden
- 2 gele tomaten; in blokjes gesneden
- 1½ kopje verkruimelde gorgonzola
- Gegrilde Ossenhaas; in blokjes gesneden
- 4 hardgekookte eieren; geschild en in blokjes gesneden
- 2 Haas-avocado; geschild, ontpit
- In blokjes gesneden bieslook
- 8 Teentjes gegrilde knoflook
- 2 stokjes ongezouten boter; verzacht
- Zout en versgemalen peper
- 16 segmenten Italiaans brood; Gesegmenteerd 1/4 inch
- ¼ kopje fijngesneden peterselie
- ¼ kopje Fijngesneden oregano

Meng olie, knoflook en rozemarijn in een kleine, ondiepe ovenschaal. Voeg het rundvlees toe en meng om te coaten. Dek af en zet minimaal 2 uur of een nacht in de koelkast. Laat het 30 minuten op kamertemperatuur staan voordat u gaat grillen

Verwarm de grill. Haal het rundvlees uit de pekel, breng op smaak met zout en peper en gril 4 tot 5 minuten aan elke kant voor een matige, zeldzame gaarheid.
Laat rusten 10 minuten en dan in dobbelsteentjes snijden.

40. Salade van gegrild lamsvlees en limabonen

INGREDIËNTEN:
- 2 Rode paprika's
- ¾ kopje olijfolie
- ¼ kopje balsamicoazijn
- 1 eetlepel knoflook; gehakt
- ¼ kopje basilicum; fijn gesneden
- Zout en peper naar smaak
- 1 kopje Lima-bonen; gepeld
- 1 pond lam; 1/2" kubussen
- 1 bosje rucola; gewassen en gedroogd
- 1 grote tomaat; groot gesneden

a) Grill de paprika's boven een heet vuur en rol ze rond zodat ze gelijkmatig gaar worden, tot de schil erg donker is en blaren vertoont. Haal de paprika 's van de grill, doe ze in een bruine papieren zak, knoop de zak dicht en laat de paprika's 20 minuten afkoelen in de zak. Haal het uit de zak, verwijder de schil en verwijder de zaden en stengels.

b) Doe de paprika's in een keukenmachine of mixer, en. Terwijl de motor nog draait, voeg je de olijfolie in een gestage stroom toe. Voeg de balsamicoazijn, knoflook en basilicum toe en zet alles op de mengtafel.

c) Breng op smaak met peper en zout en zet opzij.

d) in een middelgrote pan 2 kopjes gezout water aan de kook. Voeg de limabonen toe en kook tot ze zacht maar niet papperig zijn, 12 tot 15 minuten. Giet af, dompel het in koud water om het koken te stoppen, laat het weer uitlekken en doe het in een grote schaal. (Als u erwten gebruikt, kook deze dan slechts 2 tot 3 minuten, tot ze heldergroen en gaar zijn.) 4. Breng ondertussen het lamsvlees op smaak met zout en peper, prik het op spiesjes en gril boven een heet vuur 3 tot 4 minuten aan elke kant .

e) Haal van het vuur en laat de spiesjes eraf glijden.

f) Voeg het lamsvlees, de rucola en de tomaat toe aan het gerecht met de limabonen. Roer de dressing goed door, voeg net genoeg toe om de ingrediënten te bevochtigen, meng goed en serveer.

41. T-bone Tostada-salade

INGREDIËNTEN:
- 8 radijsjes, heel dun gesneden
- 1 jalapeño, heel dun gesneden
- ½ kleine rode ui, in dunne plakjes gesneden
- 2 eetlepels extra vergine olijfolie
- 1 eetlepel vers limoensap
- Kosjer zout en versgemalen peper
- Gebakken Tostada Schelpen of 8 tostada's uit de winkel
- ½ kopje zure room
- 5 kopjes fijn gesneden ijsbergsla
- Kruidengewreven T-Bone Steaks, in dunne plakjes gesneden
- 1/4 kopje korianderblaadjes
- Limoenpartjes, om te serveren

INSTRUCTIES:
a) Meng de radijsjes in een middelgrote kom met de jalapeño, rode ui, olijfolie en limoensap en breng op smaak met zout en peper.
b) Leg de tostadaschelpen op borden en schep de zure room erover.
c) Bestrijk met de ijsbergsla en de gesneden biefstuk. Schep de radijssalade over de biefstuk en bestrooi met de korianderblaadjes.
d) Serveer met partjes limoen.

42.Rundvlees lok lak

INGREDIËNTEN:
- 350 g runderbiefstuk, in dunne plakjes gesneden (of gebruik je favoriete stuk)
- 3 eetlepels sojasaus
- 1 eetlepel oestersaus
- 1 eetlepel tomatenketchup
- 1 theelepel vissaus
- 2 teentjes knoflook, in plakjes gesneden
- 2 handenvol zachte slablaadjes
- 2 rijpe tomaten, in plakjes gesneden
- ¼ komkommer, in plakjes gesneden
- 2 eetlepels plantaardige olie
- 1 theelepel maïzena, met 1 theelepel koud water tot een pasta gemengd
- eieren
- lente-uitjes, in dunne plakjes gesneden versgemalen zwarte peper

voor de aankleding
- 1 volle theelepel zwarte peperkorrels
- sap van 1 limoen
- 1 theelepel vissaus
- 1 theelepel kristalsuiker

INSTRUCTIES:

a) Doe de rundvleesreepjes in een niet-metalen kom en voeg de sojasaus, oestersaus, tomatenketchup, vissaus, knoflook en flink wat zwarte peper toe.

b) Roer grondig om te mengen, dek af met huishoudfolie en laat minimaal 2 uur, of bij voorkeur een hele nacht, in de koelkast marineren.

c) Maak de dipsaus door de peperkorrels in een kruidenmolen of vijzel fijn te malen. Meng het limoensap, de vissaus en de suiker erdoor en roer goed tot de suiker is opgelost. Opzij zetten.

d) Verdeel de sla, tomaat en komkommer over 2 borden.

e) Verhit 1 eetlepel olie in een wok tot het gloeiend heet is, doe het vlees erbij en roerbak een paar minuten tot het bijna naar wens gaar is. Roer de maïzenapasta er snel door en laat op hoog vuur nog een minuut indikken. Zet het vuur onder de wok uit en houd warm.

f) Voeg de resterende olie toe aan een koekenpan en zet op middelhoog vuur. Als het warm is, breek de eieren erdoor en bak tot ze naar wens gaar zijn.

g) Verdeel het rundvlees over elk bord salade en garneer met een gebakken ei. Strooi de lente-ui erover, besprenkel met de dressing en serveer direct.

43. Gegrilde steaksalade met balsamicovinaigrette

INGREDIËNTEN:
- 1 pond zijsteak of entrecote
- Zout en peper naar smaak
- 6 kopjes gemengde saladegroenten
- 1 kop kerstomaatjes, gehalveerd
- 1/2 rode ui, in dunne plakjes gesneden
- 1/4 kopje verkruimelde blauwe kaas of fetakaas
- 1/4 kopje gehakte walnoten, geroosterd
- Voor de balsamicovinaigrette:
- 1/4 kopje balsamicoazijn
- 1/3 kopje olijfolie
- 1 eetlepel Dijon-mosterd
- 1 theelepel honing
- Zout en peper naar smaak

INSTRUCTIES:
a) Verwarm de grill voor op hoog vuur. Kruid de biefstuk rijkelijk met peper en zout.
b) Grill de biefstuk 4-5 minuten per kant voor medium-rare, of tot de gewenste gaarheid is bereikt. Haal het van de grill en laat het 5 minuten rusten voordat je het aansnijdt.
c) Klop in een kleine kom balsamicoazijn, olijfolie, Dijon-mosterd, honing, zout en peper samen om de vinaigrette te maken.
d) Meng in een grote kom de gemengde sla, kerstomaatjes en plakjes rode ui met de balsamicovinaigrette.
e) Schik de salade op een serveerschaal. Beleg met gesneden gegrilde biefstuk, verkruimelde kaas en geroosterde walnoten. Serveer onmiddellijk.

44. Salade van gegrilde varkenshaas met mangosalsa

INGREDIËNTEN:
- 1 pond varkenshaas
- Zout en peper naar smaak
- 6 kopjes gemengde saladegroenten
- 1 mango, in blokjes gesneden
- 1/2 rode paprika, in blokjes gesneden
- 1/4 rode ui, fijngehakt
- 1 jalapeñopeper, zonder zaadjes en fijngehakt
- Sap van 1 limoen
- 2 eetlepels gehakte verse koriander
- 2 eetlepels olijfolie

INSTRUCTIES:

a) Verwarm de grill voor op middelhoog vuur. Kruid de varkenshaas met peper en zout.

b) Grill de varkenshaas gedurende 15-20 minuten, af en toe draaiend, tot de interne temperatuur 63°C bereikt. Haal het van de grill en laat het 5 minuten rusten voordat je het aansnijdt.

c) Meng in een kom de in blokjes gesneden mango, de in blokjes gesneden rode paprika, de gehakte rode ui, de fijngehakte jalapeñopeper, het limoensap, de gehakte koriander en de olijfolie om de mangosalsa te maken.

d) Schik de gemengde saladegroenten op een serveerschaal. Beleg met gesneden gegrilde varkenshaas en mangosalsa. Serveer onmiddellijk.

45. Salade van gegrild lamsvlees met Griekse yoghurtdressing

INGREDIËNTEN:
- 1 pond lamskoteletten of lamslende
- Zout en peper naar smaak
- 6 kopjes gemengde saladegroenten
- 1 komkommer, in blokjes gesneden
- 1 kop kerstomaatjes, gehalveerd
- 1/4 kopje verkruimelde fetakaas
- Voor de Griekse yoghurtdressing:
- 1/2 kop Griekse yoghurt
- 2 eetlepels citroensap
- 1 eetlepel olijfolie
- 1 teentje knoflook, fijngehakt
- 1 eetlepel gehakte verse dille
- Zout en peper naar smaak

INSTRUCTIES:
a) Verwarm de grill voor op middelhoog vuur. Kruid de lamskoteletten of lamslende met zout en peper.
b) Grill lamskoteletten of lamslende 3-4 minuten per kant voor medium-rare, of tot de gewenste gaarheid is bereikt. Haal ze van de grill en laat ze 5 minuten rusten voordat je ze aansnijdt.
c) Meng in een kleine kom Griekse yoghurt, citroensap, olijfolie, gehakte knoflook, gehakte verse dille, zout en peper om de dressing te maken.
d) Schik de gemengde saladegroenten op een serveerschaal. Werk af met in blokjes gesneden komkommer, gehalveerde kerstomaatjes en verkruimelde fetakaas.
e) Leg het gesneden gegrilde lamsvlees over de salade en besprenkel met Griekse yoghurtdressing. Serveer onmiddellijk.

46. Gegrilde rundvleessalade met chimichurrisaus

INGREDIËNTEN:
- 1 pond runderroksteak of zijsteak
- Zout en peper naar smaak
- 6 kopjes gemengde saladegroenten
- 1 kopje gesneden paprika (geassorteerde kleuren)
- 1/2 rode ui, in dunne plakjes gesneden
- 1/4 kop gehakte verse peterselie
- Voor de chimichurrisaus:
- 1 kopje verse peterselieblaadjes
- 1/4 kop verse korianderblaadjes
- 3 teentjes knoflook
- 1/4 kopje rode wijnazijn
- 1/2 kopje olijfolie
- Zout en peper naar smaak

INSTRUCTIES:

a) Verwarm de grill voor op middelhoog vuur. Kruid de biefstuk of zijsteak met zout en peper.

b) Grill de biefstuk 4-5 minuten per kant voor medium-rare, of tot de gewenste gaarheid is bereikt. Haal het van de grill en laat het 5 minuten rusten voordat je het aansnijdt.

c) Meng in een keukenmachine verse peterselieblaadjes, verse korianderblaadjes, knoflook, rode wijnazijn, olijfolie, zout en peper. Pulseer tot alles goed gemengd is om de chimichurrisaus te maken.

d) Schik de gemengde saladegroenten op een serveerschaal. Werk af met gesneden paprika, dun gesneden rode ui en gehakte verse peterselie.

e) Snijd het gegrilde rundvlees in plakjes en leg deze over de salade. Giet de chimichurrisaus over het vlees en de salade. Serveer onmiddellijk.

47.Gegrilde biefstuk en tomatensalade

INGREDIËNTEN:
- 1 pond zijsteak of entrecote
- Zout en peper naar smaak
- 2 eetlepels olijfolie
- 4 grote tomaten, in plakjes gesneden
- 4 kopjes gemengde saladegroenten
- 1/4 kopje verkruimelde blauwe kaas
- Balsamicovinaigrettedressing

INSTRUCTIES:
a) Verwarm de grill voor op hoog vuur. Breng de biefstuk op smaak met zout, peper en olijfolie.
b) Grill de biefstuk 4-5 minuten per kant voor medium-rare, of tot de gewenste gaarheid is bereikt. Laat het 5 minuten rusten voordat je het aansnijdt.
c) Schik de gemengde saladegroenten en gesneden tomaten op een serveerschaal.
d) Snij de gegrilde steak in dunne plakjes tegen de draad in en leg deze op de salade.
e) Strooi verkruimelde blauwe kaas over de salade.
f) Besprenkel met balsamicovinaigrettedressing. Serveer onmiddellijk.

48.Salade van gegrilde varkenshaas en perzik

INGREDIËNTEN:
- 1 pond varkenshaas
- Zout en peper naar smaak
- 2 eetlepels olijfolie
- 2 perziken, gehalveerd en ontpit
- 4 kopjes gemengde saladegroenten
- 1/4 kop geroosterde pecannoten
- 1/4 kopje verkruimelde fetakaas
- Honingbalsamicodressing

INSTRUCTIES:

a) Verwarm de grill voor op middelhoog vuur. Kruid de varkenshaas met zout, peper en olijfolie.

b) Grill de varkenshaas gedurende 15-20 minuten, af en toe draaiend, tot de interne temperatuur 63°C bereikt. Laat het 5 minuten rusten voordat je het aansnijdt.

c) Bestrijk de perzikhelften met olijfolie en gril ze 2-3 minuten per kant, tot er grillstrepen verschijnen. Perziken in plakjes snijden.

d) Schik de gemengde saladegroenten op een serveerschaal. Beleg met gesneden varkenshaas en gegrilde perzikplakken.

e) Strooi geroosterde pecannoten en verkruimelde fetakaas over de salade.

f) Besprenkel met honingbalsamicodressing. Serveer onmiddellijk.

49. Salade van gegrilde lamskoteletjes en couscous

INGREDIËNTEN:
- 4 lamskoteletjes
- Zout en peper naar smaak
- 2 eetlepels olijfolie
- 1 kopje couscous
- 1 1/4 kopjes groentebouillon
- 4 kopjes babyspinazieblaadjes
- 1/4 kopje gedroogde veenbessen
- 1/4 kopje verkruimelde geitenkaas
- Citroenvinaigrettedressing

INSTRUCTIES:
a) Verwarm de grill voor op middelhoog vuur. Kruid de lamskoteletjes met peper, zout en olijfolie.
b) Grill de lamskoteletjes 3-4 minuten per kant voor medium-rare, of tot de gewenste gaarheid is bereikt. Laat ze 5 minuten rusten voordat je ze serveert.
c) Breng de groentebouillon in een pan aan de kook. Roer de couscous erdoor, dek af en haal van het vuur. Laat het 5 minuten staan en roer het dan los met een vork.
d) Schik de babyspinazieblaadjes op een serveerschaal. Bestrijk met gekookte couscous.
e) Leg de gegrilde lamskoteletjes op de couscous. Strooi gedroogde veenbessen en verkruimelde geitenkaas over de salade.
f) Besprenkel met citroenvinaigrettedressing. Serveer onmiddellijk.

50.Gegrilde rundvlees Kabob en Griekse salade

INGREDIËNTEN:
- 1 pond runderlende, in blokjes van 1 inch gesneden
- Zout en peper naar smaak
- 2 eetlepels olijfolie
- 1 rode ui, in partjes gesneden
- 1 rode paprika, in stukjes gesneden
- 1 groene paprika, in stukjes gesneden
- 1 komkommer, in blokjes gesneden
- 1 kop kerstomaatjes, gehalveerd
- 1/2 kop Kalamata-olijven, ontpit
- 1/4 kopje verkruimelde fetakaas
- Griekse dressing

INSTRUCTIES:
a) Verwarm de grill voor op middelhoog vuur. Kruid de rundvleesblokjes met zout, peper en olijfolie.
b) Rijg de rundvleesblokjes aan spiesjes, afgewisseld met partjes rode ui en stukjes paprika.
c) Grill de rundvleeskabobs gedurende 8-10 minuten, af en toe draaiend, tot het rundvlees gaar is en de groenten gaar zijn.
d) Meng in een grote kom de in blokjes gesneden komkommer, gehalveerde kerstomaatjes, Kalamata-olijven en verkruimelde fetakaas.
e) Schik de gegrilde rundvleeskabobs op een serveerschaal. Serveer met Griekse salade apart, besprenkeld met Griekse dressing. Genieten!

SALADES VAN GEGRILDE GEVOGELTE

51.Chili's gegrilde Caribische salade

INGREDIËNTEN:
- ¼ kopje Dijon-mosterd
- ¼ kopje honing
- 1½ eetlepel suiker
- 1 eetlepel Sesamolie
- 1½ eetlepel Appelciderazijn
- 1½ theelepel limoensap
- 2 matige tomaten, in blokjes gesneden
- ½ kopje Spaanse ui, in blokjes gesneden
- 2 theelepels Jalapenopeper, zonder zaadjes en
- ;ontribd
- 2 theelepels koriander, fijngehakt
- snufje zout
- 4 halve kipfilet,
- ;zonder been en zonder vel
- ½ kopje Teriyaki-pekel
- 4 kopjes ijsbergsla, in blokjes gesneden
- 4 kopjes groene bladsla, in blokjes gesneden
- 1 kopje Rode kool, in blokjes gesneden
- 1 blik Ananasstukjes op sap, uitgelekt (5,5 oz. blik)
- 10 Tortillachips

INSTRUCTIES:
a) Maak de dressing door alle ingrediënten in een schaaltje met een elektrische mixer te mengen. Dek af en laat afkoelen.
b) Maak de Pico de Gallo door alle ingrediënten in een klein gerecht te combineren. Dek af en laat afkoelen.
c) Marineer de kip minimaal 2 uur in de teriyaki. Doe de kip in de zak, giet de pekel erbij en zet het geheel in de koelkast.
d) Maak de barbecue klaar of verwarm de grill. Grill de kip gedurende 4 tot 5 minuten per kant of langer tot hij gaar is.
e) Meng de sla en de kool door elkaar en verdeel de groente in 2 grote, individuele portiesaladeschotels .
f) Verdeel de pico de gallo en giet deze in 2 gelijke porties over de greens.
g) Verdeel de ananas en strooi deze over de salades.
h) Breek de tortillachips in grote stukken en strooi de helft over elke salade.
i) Verdeel de gegrilde kipfilets in dunne reepjes en verdeel de helft van de reepjes over elke salade.
j) Giet de dressing in 2 kleine schaaltjes en serveer bij de salades.

52.Appel Mangosalade Met Gegrilde Kip

INGREDIËNTEN:
- 2 eetlepels Rijstwijnazijn
- 1 eetlepel verse bieslook; in blokjes gesneden
- 1 theelepel verse gember; geraspt
- ½ theelepel zout
- ¼ theelepel Versgemalen peper
- 1 eetlepel zonnebloemolie
- ½ theelepel zout
- ¼ theelepel Versgemalen peper
- ¼ theelepel komijn
- 1 snufje Gemalen rode peper
- 4 zonder been; halve kippenborst zonder vel
- Plantaardige kookspray
- 8 kopjes Gemengde saladegroenten
- 1 grote mango; geschild en gesegmenteerd
- 2 Golden Delicious-appels; geschild, zonder klokhuis, dun gesegmenteerd
- ¼ kopje zonnebloempitten
- Sesam platbrood; (optioneel)

INSTRUCTIES:

a) Maak gembervinaigrette: Meng azijn, bieslook, gember, zout en peper in een kleine schaal; klop geleidelijk de olie erdoor. Maakt ¼ kopje.

b) Meng zout, peper, komijn en rode peper in een kopje. spat over beide kanten van de kip. Smeer een zware grillpan of gietijzeren bakplaat licht in met groentekookspray

c) Verwarm 1 tot 2 minuten op matig hoog vuur

d) Kook de kip 5 tot 6 minuten per kant, tot hij gaar is. Ga naar de snijplank.

e) Meng de groente-, mango- en appelpartjes met 3 eetlepels dressing. Schik de salade op 4 individuele borden.

f) Kip in segmenten verdelen en gelijkmatig over de greens verdelen; spat de resterende 1 eetlepel dressing over de kip. sprenkel 1 eetlepel zonnebloempitten over elke salade.

g) Serveer indien gewenst met sesambrood.

53.Gegrilde kip en nieuwe aardappel

INGREDIËNTEN:
- 2 Kipfilets zonder bot
- 3 eetlepels olijfolie
- 8 kleine nieuwe aardappelen, gehalveerd
- Zout en vers gemalen
- Peper
- 6 teentjes gegrilde knoflook
- Zes bloemtortilla's van 15 cm
- ½ kopje Monterey Jack-kaas
- ½ kopje witte Cheddar-kaas
- 2 eetlepels Verse tijm
- 2 eetlepels Plantaardige olie

INSTRUCTIES:
a) Verwarm de grill. Bestrijk de kipfilets met 1 eetlepel olijfolie en breng op smaak met zout en peper.
b) Grill de borsten aan elke kant gedurende 4 tot 5 minuten, haal ze eruit en laat rusten.
c) Meng de aardappelen met de resterende olijfolie en breng op smaak met peper en zout. Grill de vleeskant naar beneden gedurende 2 tot 3 minuten tot ze goudbruin zijn, draai ze om en blijf koken tot ze gaar zijn.
d) Leg 4 tortilla's op een niet-ingevette bakplaat
e) Bestrijk elke tortilla met 2 eetlepels kaas, 4 stukjes kip, 1 teentje knoflook en 4 aardappelhelften. besprenkel elke tortilla met verse tijm.
f) Stapel de 2 lagen op elkaar en bedek met de overige 2 tortilla's. Bestrijk de bovenste tortilla's met plantaardige olie, plaats de oliezijde naar beneden op de grill.
g) Bak aan één kant tot ze goudbruin zijn, draai om en blijf koken tot de kaas smelt.
h) Snijd in vieren en serveer onmiddellijk.

54.Salade Van Gegrilde Kip En Kikkererwten

INGREDIËNTEN:
- 2 eetlepels Gehakte knoflook
- 2 eetlepels verse gember; geschild en geraspt
- 1 theelepel Gemalen komijn
- ½ theelepel zout
- ¼ theelepel Gemalen rode peper
- 4 Gevilde en uitgebeende kipfilethelften
- 2 blikjes kikkererwten (15 ounces); gespoeld en uitgelekt
- ½ kopje gewone yoghurt
- ½ kopje zure room
- 1 eetlepel Currypoeder
- 1 eetlepel Citroensap
- ½ theelepel zout
- 1 rode paprika; in blokjes gesneden
- ¼ kopje Placerple-ui; in blokjes gesneden
- 2 Jalapeno-pepers; gezaaid en gehakt
- 2 eetlepels verse koriander; in blokjes gesneden
- 2 eetlepels verse munt; in blokjes gesneden
- 3 kopjes verse spinazie; stuk
- 3 kopjes sla met rode punt; stuk
- 2 eetlepels Citroensap
- 1 eetlepel hete curryolie

INSTRUCTIES:
a) Meng de eerste 5 ingrediënten ; spat aan alle kanten van de kipfilets.
b) Dek af en laat 1 uur afkoelen
c) Roer de kikkererwten en de volgende 10 ingrediënten door elkaar ; afdekken en afkoelen. Grill de kip, afgedekt met het grilldeksel, op middelhoog vuur (350° tot 400°) gedurende 5 minuten aan elke kant. Snijd in segmenten van ½ inch dik. Blijf warm. Meng spinazie en sla in een grote schaal.
d) Klop het citroensap en de kerrieolie door elkaar; spat over de greens en meng voorzichtig.
e) Verdeel gelijkmatig over 4 portieborden ; bedek gelijkmatig met kikkererwtensalade en een gesegmenteerde kipfilet.

55.Gegrilde kalkoen- en cranberry-quinoasalade

INGREDIËNTEN:
- 1 pond kalkoenfilet, zonder bot en zonder vel
- 1 kopje quinoa, afgespoeld
- 2 kopjes kippenbouillon
- 1/2 kop gedroogde veenbessen
- 1/4 kopje gesneden amandelen, geroosterd
- 4 kopjes gemengde saladegroenten
- 2 eetlepels olijfolie
- 1 eetlepel balsamicoazijn
- Zout en peper naar smaak

INSTRUCTIES:
a) Verwarm de grill voor op middelhoog vuur. Kruid de kalkoenborst met zout en peper.
b) Grill de kalkoenborst 6-8 minuten per kant, of tot hij gaar is en niet meer roze in het midden. Laat het een paar minuten rusten voordat je het aansnijdt.
c) Breng de kippenbouillon in een middelgrote pan aan de kook. Voeg quinoa toe, zet het vuur laag, dek af en laat 15-20 minuten sudderen, of tot de quinoa gaar is en de vloeistof is opgenomen. Haal van het vuur en laat het iets afkoelen.
d) Meng in een grote kom gekookte quinoa, gedroogde veenbessen en gesneden amandelen.
e) Meng in een kleine kom olijfolie en balsamicoazijn tot de dressing.
f) Schik de gemengde saladegroenten op serveerborden. Beleg met gesneden gegrilde kalkoenborst en quinoa-mengsel.
g) Druppel de dressing over de salade. Serveer warm of op kamertemperatuur.

56. Caesarsalade met Gegrilde Kip

INGREDIËNTEN:
- 2 kipfilets zonder bot en zonder vel
- 1 eetlepel olijfolie
- Zout en peper naar smaak
- 1 krop Romeinse sla, fijngesneden
- 1/4 kop geraspte Parmezaanse kaas
- 1/2 kopje croutons
- Caesardressing (gekocht of zelfgemaakt)

INSTRUCTIES:
a) Verwarm de grill voor op middelhoog vuur. Bestrijk de kipfilets met olijfolie en breng op smaak met zout en peper.
b) Grill de kipfilets gedurende 6-8 minuten per kant, of tot ze gaar zijn en niet meer roze in het midden. Laat ze een paar minuten rusten voordat je ze aansnijdt.
c) Meng in een grote kom de gehakte Romeinse sla, geraspte Parmezaanse kaas en croutons.
d) Snijd de gegrilde kipfilets in plakjes en schik ze op de salade.
e) Druppel de Caesardressing over de salade. Meng om te combineren en serveer onmiddellijk.

57. Salade van gegrilde eendenborst en bessen

INGREDIËNTEN:
- 2 eendenborsten
- Zout en peper naar smaak
- 4 kopjes gemengde saladegroenten
- 1 kopje verse bessen (zoals aardbeien, frambozen, bosbessen)
- 1/4 kop geroosterde pecannoten
- 2 eetlepels balsamicoazijn
- 1 eetlepel honing
- 2 eetlepels olijfolie

INSTRUCTIES:
a) Verwarm de grill voor op middelhoog vuur. Kerf het vel van de eendenborsten kruislings in. Breng op smaak met zout en peper.

b) Grill eendenborsten met de huid naar beneden gedurende 5-6 minuten. Draai om en gril nog eens 3-4 minuten, of tot de gewenste gaarheid. Laat ze een paar minuten rusten voordat je ze aansnijdt.

c) Meng in een grote kom gemengde salades, verse bessen en geroosterde pecannoten.

d) Klop in een kleine kom balsamicoazijn, honing en olijfolie samen om de dressing te maken.

e) Snijd de gegrilde eendenborsten in plakjes en schik ze op de salade. Besprenkel met de dressing en serveer onmiddellijk.

58.Salade van gegrilde citroenkruidkip en couscous

INGREDIËNTEN:
- 2 kipfilets zonder bot en zonder vel
- Schil en sap van 1 citroen
- 2 eetlepels olijfolie
- 2 teentjes knoflook, fijngehakt
- 1 theelepel gedroogde tijm
- Zout en peper naar smaak
- 1 kop couscous, gekookt
- 1 kop kerstomaatjes, gehalveerd
- 1/4 kop gehakte verse peterselie
- 1/4 kopje verkruimelde fetakaas
- 2 eetlepels gesneden amandelen, geroosterd

INSTRUCTIES:

a) Verwarm de grill voor op middelhoog vuur. Meng in een kleine kom de citroenschil, het citroensap, de olijfolie, de gehakte knoflook, de gedroogde tijm, het zout en de peper.

b) Bestrijk de kipfilets met de citroenkruidmarinade. Grill de kip gedurende 6-8 minuten per kant, of tot hij gaar is en niet meer roze in het midden. Laat ze een paar minuten rusten voordat je ze aansnijdt.

c) Meng in een grote kom gekookte couscous, gehalveerde kerstomaatjes, gehakte verse peterselie, verkruimelde fetakaas en gesneden amandelen.

d) Snijd de gegrilde kipfilets in plakjes en schik ze op de couscoussalade. Serveer warm of op kamertemperatuur.

59.Salade van gegrilde kalkoen en cranberry

INGREDIËNTEN:
- 1 pond kalkoenfilet, in dunne plakjes gesneden
- 6 kopjes gemengde saladegroenten
- 1/2 kop gedroogde veenbessen
- 1/4 kopje gehakte pecannoten, geroosterd
- 1/4 kopje verkruimelde fetakaas
- 2 eetlepels olijfolie
- 2 eetlepels balsamicoazijn
- 1 eetlepel honing
- Zout en peper naar smaak

INSTRUCTIES:

a) Verwarm de grill voor op middelhoog vuur. Grill de plakjes kalkoenborst gedurende 3-4 minuten per kant, of tot ze gaar zijn.

b) Meng in een kleine kom olijfolie, balsamicoazijn, honing, zout en peper om de dressing te maken.

c) Schik de gemengde saladegroenten op een serveerschaal. Beleg met gegrilde kalkoenplakken, gedroogde veenbessen, geroosterde pecannoten en verkruimelde fetakaas.

d) Druppel de dressing over de salade. Serveer onmiddellijk.

60. Salade van gegrilde eend en sinaasappel

INGREDIËNTEN:
- 2 eendenborsten
- 6 kopjes gemengde saladegroenten
- 2 sinaasappels, geschild en in partjes
- 1/4 kop geroosterde walnoten, gehakt
- 2 eetlepels olijfolie
- 2 eetlepels balsamicoazijn
- Zout en peper naar smaak

INSTRUCTIES:

a) Verwarm de grill voor op middelhoog vuur. Snijd het vel van de eendenborsten in en breng op smaak met peper en zout.

b) Grill eendenborsten met het vel naar beneden gedurende 6-8 minuten. Draai om en gril nog eens 4-6 minuten, of tot de gewenste gaarheid.

c) Laat de eend een paar minuten rusten en snij hem dan in dunne plakjes.

d) Meng in een kleine kom olijfolie, balsamicoazijn, zout en peper om de dressing te maken.

e) Schik de gemengde saladegroenten op een serveerschaal. Beleg met gesneden gegrilde eend, sinaasappelpartjes en geroosterde walnoten.

f) Druppel de dressing over de salade. Serveer onmiddellijk.

61.Gegrilde citroenkruid-kipsalade

INGREDIËNTEN:
- 2 kipfilets zonder bot en zonder vel
- 6 kopjes gemengde saladegroenten
- 1 kop kerstomaatjes, gehalveerd
- 1/4 kopje gesneden rode ui
- 1/4 kopje verkruimelde fetakaas
- 2 eetlepels gehakte verse peterselie
- Sap van 1 citroen
- 2 eetlepels olijfolie
- 1 teentje knoflook, fijngehakt
- Zout en peper naar smaak

INSTRUCTIES:

a) Verwarm de grill voor op middelhoog vuur. Kruid de kipfilets met zout, peper en gehakte verse peterselie.

b) Grill de kipfilets gedurende 6-8 minuten per kant, of tot ze gaar zijn en niet meer roze in het midden.

c) Laat de kip een paar minuten rusten en snij dan in dunne plakjes.

d) Meng in een kleine kom citroensap, olijfolie, gehakte knoflook, zout en peper om de dressing te maken.

e) Schik de gemengde saladegroenten op een serveerschaal. Beleg met gesneden gegrilde kip, kerstomaatjes, gesneden rode ui en verkruimelde fetakaas.

f) Druppel de dressing over de salade. Serveer onmiddellijk.

GEGRILDE PASTA SALADES

62. Gegrilde Veggie Fusilli Pastasalade

INGREDIËNTEN:
PASTA SALADE
- 1 pond fusilli
- 2 kopjes in blokjes gesneden gegrilde rode en gele paprika
- 2 kopjes gehalveerde kerstomaatjes
- 2 kopjes in blokjes gesneden gegrilde ui
- 2 kopjes rode wijnvinaigrette

RODE WIJNVINAIGRETTE
- 1 kopje extra vergine olijfolie
- ⅓ rode wijnazijn
- 2 eetlepels water
- 4 teentjes knoflook, fijn geraspt
- 2 theelepels Dijon-mosterd
- 2 theelepels gedroogde oregano
- 2 theelepels gegranuleerde ui
- 1 snufje gemalen chilivlokken
- 2 theelepels koosjer zout
- 1 theelepel versgemalen zwarte peper
- 2 eetlepels honing

INSTRUCTIES:
RODE WIJNVINAIGRETTE:
a) Combineer alle ingrediënten in een container met een goed sluitend deksel.
b) Goed schudden en in de koelkast bewaren tot gebruik.

PASTA SALADE
c) Bereid de pasta zoals aangegeven op de verpakking.
d) Na het koken de fusilli zeven en afkoelen in koud water om het kookproces te stoppen.
e) Doe de pasta in een grote kom en meng de overige ingrediënten erdoor.
f) Meng grondig en laat een nacht staan.

63. Pastasalade Met Gegrilde Groenten En Pesto

INGREDIËNTEN:
- 2 kopjes fusilli-pasta, gekookt en gekoeld
- 1 courgette, in plakjes gesneden
- 1 rode paprika, in plakjes gesneden
- 1 gele paprika, in plakjes gesneden
- 1 kop kerstomaatjes, gehalveerd
- 1/2 kop rode ui, in dunne plakjes gesneden
- 1/4 kop pestosaus
- 2 eetlepels olijfolie
- Zout en peper naar smaak
- Geraspte Parmezaanse kaas voor garnering

INSTRUCTIES:
a) Meng de courgette, rode en gele paprika met olijfolie, zout en peper.
b) Grill de groenten tot ze grillstrepen vertonen en gaar zijn.
c) Meng de pasta, gegrilde groenten, kerstomaatjes en rode ui in een grote kom.
d) Voeg de pestosaus toe en roer tot het gelijkmatig bedekt is.
e) Garneer met geraspte Parmezaanse kaas.
f) Zet minimaal 1 uur in de koelkast voordat u het serveert.

64. Caesar-pastasalade met gegrilde kip

INGREDIËNTEN:
- 2 kopjes penne pasta, gekookt en gekoeld
- 1 pond kipfilet, gegrild en in plakjes gesneden
- 1 kop kerstomaatjes, gehalveerd
- 1/2 kopje zwarte olijven, in plakjes gesneden
- 1/4 kopje rode ui, fijngehakt
- 1/2 kopje Caesardressing
- 1/4 kop geraspte Parmezaanse kaas
- Verse peterselie ter garnering

INSTRUCTIES:
a) Grill de kipfilet tot deze volledig gaar is en snijd hem dan in plakjes.
b) Meng in een grote kom pasta, gegrilde kip, kerstomaatjes, zwarte olijven en rode ui.
c) Voeg de Caesardressing toe en roer tot alles goed gemengd is.
d) Strooi er geraspte Parmezaanse kaas over en garneer met verse peterselie.
e) Zet minimaal 1 uur in de koelkast voordat u het serveert.

65. Pastasalade Met Gegrilde Garnalen En Avocado

INGREDIËNTEN:
- 2 kopjes rotini-pasta, gekookt en gekoeld
- 1 pond grote garnalen, gegrild
- 1 avocado, in blokjes gesneden
- 1 kop kerstomaatjes, gehalveerd
- 1/4 kopje rode ui, fijngehakt
- 1/4 kop koriander, gehakt
- Sap van 2 limoenen
- 2 eetlepels olijfolie
- Zout en peper naar smaak

INSTRUCTIES:
a) Grill de garnalen tot ze ondoorzichtig zijn en grillsporen vertonen.
b) Meng in een grote kom de pasta, gegrilde garnalen, in blokjes gesneden avocado, kerstomaatjes, rode ui en koriander.
c) Besprenkel met limoensap en olijfolie en breng op smaak met zout en peper.
d) Meng tot alles goed gemengd is.
e) Zet minimaal 1 uur in de koelkast voordat u het serveert.

66. Gegrilde Zomergroenten En Feta Pastasalade

INGREDIËNTEN:
- 2 kopjes farfalle-pasta, gekookt en gekoeld
- 1 aubergine, in plakjes gesneden
- 2 courgettes, in plakjes gesneden
- 1 kop kerstomaatjes, gehalveerd
- 1/2 kopje verkruimelde fetakaas
- 1/4 kopje verse basilicum, gehakt
- 3 eetlepels balsamicovinaigrette
- Zout en peper naar smaak

INSTRUCTIES:
a) Meng de plakjes aubergine en courgette met olijfolie, zout en peper.
b) Grill de groenten tot ze grillstrepen vertonen en gaar zijn.
c) Meng in een grote kom pasta, gegrilde groenten, kerstomaatjes, fetakaas en verse basilicum.
d) Besprenkel met balsamicovinaigrette en roer tot alles goed bedekt is.
e) Zet minimaal 1 uur in de koelkast voordat u het serveert.

67.Pastasalade Met Gegrilde Maïs En Zwarte Bonen

INGREDIËNTEN:
- 2 kopjes vlinderdaspasta, gekookt en gekoeld
- 2 korenaren, gegrild en korrels verwijderd
- 1 blikje zwarte bonen (15 oz), afgespoeld en uitgelekt
- 1 rode paprika, in blokjes gesneden
- 1/4 kopje rode ui, fijngehakt
- 1/4 kopje verse koriander, gehakt
- Sap van 2 limoenen
- 3 eetlepels olijfolie
- 1 theelepel komijn
- Zout en peper naar smaak

INSTRUCTIES:
a) Grill de maïs tot de korrels mooi verkoold zijn en verwijder vervolgens de korrels.
b) Meng in een grote kom pasta, gegrilde maïs, zwarte bonen, rode paprika, rode ui en koriander.
c) Meng in een kleine kom limoensap, olijfolie, komijn, zout en peper.
d) Giet de dressing over het pastamengsel en roer tot alles goed gemengd is.
e) Zet minimaal 1 uur in de koelkast voordat u het serveert.

68. Gegrilde Kip En Pesto Tortellini Salade

INGREDIËNTEN:
- 2 kopjes driekleurige tortellini, gekookt en gekoeld
- 1 pond gegrilde kipfilet, in plakjes gesneden
- 1 kop kerstomaatjes, gehalveerd
- 1/2 kopje geroosterde rode paprika, gehakt
- 1/4 kop pijnboompitten, geroosterd
- 1/2 kopje verse mozzarellaballetjes
- 1/3 kopje basilicumpesto
- 3 eetlepels extra vergine olijfolie
- Zout en peper naar smaak

INSTRUCTIES:
a) Meng tortellini, gegrilde kip, kerstomaatjes, geroosterde rode paprika, pijnboompitten en mozzarellabolletjes in een grote kom.
b) Meng de basilicumpesto en olijfolie in een kleine kom.
c) Giet de dressing over het pastamengsel en roer tot alles goed bedekt is.
d) Breng op smaak met zout en peper.
e) Zet minimaal 1 uur in de koelkast voordat u het serveert.

69. Gegrilde Groenten En Feta Orzo Salade

INGREDIËNTEN:
- 2 kopjes orzo-pasta, gekookt en gekoeld
- 1 courgette, in plakjes gesneden en gegrild
- 1 rode paprika, gegrild en gehakt
- 1 gele paprika, gegrild en gehakt
- 1/2 kopje rode ui, gegrild en fijngehakt
- 1/2 kopje verkruimelde fetakaas
- 1/4 kopje verse basilicum, gehakt
- 3 eetlepels balsamicovinaigrette
- Zout en peper naar smaak

INSTRUCTIES:
a) Gril de courgette, rode paprika en rode ui tot ze grillstrepen vertonen.
b) Meng in een grote kom orzo-pasta, gegrilde groenten, fetakaas en verse basilicum.
c) Besprenkel met balsamicovinaigrette en meng tot alles goed gemengd is.
d) Breng op smaak met zout en peper.
e) Zet minimaal 1 uur in de koelkast voordat u het serveert.

70.Gegrilde Tofu En Sesam Noedelsalade

INGREDIËNTEN:
- 2 kopjes sobanoedels, gekookt en gekoeld
- 1 blok extra stevige tofu, gegrild en in blokjes
- 1 kopje erwten, geblancheerd en in plakjes gesneden
- 1/2 kop geraspte wortelen
- 1/4 kopje groene uien, gehakt
- 2 eetlepels sesamzaadjes, geroosterd
- 1/3 kopje sojasaus
- 2 eetlepels sesamolie
- 1 eetlepel rijstazijn
- 1 eetlepel honing

INSTRUCTIES:
a) Grill de tofu tot er grillsporen zichtbaar zijn en snij hem dan in blokjes.
b) Meng in een grote kom sobanoedels, gegrilde tofu, peultjes, geraspte wortels, groene uien en sesamzaadjes.
c) Meng in een kleine kom sojasaus, sesamolie, rijstazijn en honing.
d) Giet de dressing over het noedelmengsel en roer tot alles goed bedekt is.
e) Zet minimaal 1 uur in de koelkast voordat u het serveert.

71. Gegrilde Zwaardvis En Orzo Salade

INGREDIËNTEN:
- 2 kopjes orzo-pasta, gekookt en gekoeld
- 1 pond zwaardvissteak, gegrild en in vlokken
- 1 kop kerstomaatjes, gehalveerd
- 1/2 kopje komkommer, in blokjes gesneden
- 1/4 kopje Kalamata-olijven, in plakjes gesneden
- 1/4 kopje rode ui, fijngehakt
- 1/2 kopje verkruimelde fetakaas
- 1/3 kopje Griekse dressing
- Verse oregano voor garnering
- Zout en peper naar smaak

INSTRUCTIES:
a) Grill de zwaardvissteak tot hij volledig gaar is en vlokken hem dan.
b) Meng in een grote kom orzo-pasta, gegrilde zwaardvis, kerstomaatjes, komkommer, Kalamata-olijven, rode ui en fetakaas.
c) Voeg de Griekse dressing toe en roer tot alles goed gemengd is.
d) Garneer met verse oregano.
e) Zet minimaal 1 uur in de koelkast voordat u het serveert.

72. Pastasalade Met Gegrilde Sint-Jacobsschelpen En Asperges

INGREDIËNTEN:
- 2 kopjes vlinderdaspasta, gekookt en gekoeld
- 1 pond Sint-jakobsschelpen, gegrild
- 1 kopje asperges, gegrild en gehakt
- 1/4 kopje zongedroogde tomaten, gehakt
- 1/4 kopje verse basilicum, gehakt
- 3 eetlepels extra vergine olijfolie
- Sap van 2 citroenen
- Zout en peper naar smaak

INSTRUCTIES:
a) Grill de Sint-jakobsschelpen tot ze grillsporen vertonen.
b) Grill de asperges tot ze gaar zijn en snij ze in hapklare stukjes.
c) Meng in een grote kom de pasta, gegrilde sint-jakobsschelpen, gegrilde asperges, zongedroogde tomaten en verse basilicum.
d) Meng in een kleine kom de olijfolie en het citroensap.
e) Giet de dressing over het pastamengsel en roer tot alles goed gemengd is.
f) Breng op smaak met zout en peper.
g) Zet minimaal 1 uur in de koelkast voordat u het serveert.

GEGRILDE VIS- EN ZEEVRUCHTSALADES

73. Gegrilde Dragon Tonijnsalade

INGREDIËNTEN:
- 1/2 kop lichte vinaigrette of Italiaanse saladedressing
- 1 theelepel. verse geraspte dragon
- 4 (6 oz. elk) verse tonijnsteaks, gesneden van 1/2 inch tot 3/4 inch dik
- 8 kopjes (8 oz.) saladegroenten
- 1 kop tomaten (traan, druif of kers)
- 1/2 kop gele paprikareepjes
- 1-3/4 kopjes (7 oz.) Geraspte Mozzarella & Asiago-kaas met geroosterde knoflook, verdeeld

INSTRUCTIES:
a) Combineer saladedressing en dragon. Schep 2 eetlepels dressing over de tonijnsteaks.
b) Grill de tonijn op middelhoog vuur gedurende 2 minuten per kant of tot hij aan de buitenkant dichtgeschroeid is, maar nog steeds erg roze in het midden. Vermijd te gaar koken om taaiheid te voorkomen.
c) Combineer groene salades, tomaten, paprikareepjes en 1 kopje kaas in een grote kom.
d) Voeg het resterende dressingmengsel toe; goed gooien.
e) Breng over naar serveerschalen, bedek met tonijn en bestrooi met de resterende kaas. Serveer met peper.

74. Salade van gegrilde tonijn Nicoise

INGREDIËNTEN:
- 2 eetlepels champagneazijn
- 1 eetlepel gehakte dragon
- 1 theelepel Dijon-mosterd
- 1 kleine sjalot, fijngehakt
- 1/2 theelepel fijn zeezout
- 1/4 theelepel gemalen zwarte peper
- 1/4 kop olijfolie
- 1 (1 pond) verse of bevroren en ontdooide tonijnsteak
- Olijfolie kookspray
- 1 1/2 pond kleine nieuwe aardappelen, gaar gekookt en afgekoeld
- 1/2 pond sperziebonen, bijgesneden, gekookt tot ze zacht zijn en afgekoeld
- 1 kop gehalveerde kerstomaatjes
- 1/2 kop ontpitte Nicoise-olijven
- 1/2 kop dun gesneden rode ui
- 1 hardgekookt ei, geschild en in partjes gesneden (optioneel)

INSTRUCTIES:
a) Meng azijn, dragon, dijon, sjalot, zout en peper. Klop langzaam de olijfolie erdoor tot een vinaigrette.
b) Sprenkel 2 eetlepels vinaigrette over de tonijnsteaks, dek af en zet 30 minuten in de koelkast.
c) Spuit de grill in met kookspray en verwarm voor op middelhoog vuur. Grill de tonijn tot hij gaar is tot de gewenste gaarheid (5 tot 7 minuten aan elke kant).
d) Snij de tonijn in grote stukken. Schik tonijn, aardappelen, sperziebonen, tomaten, olijven, ui en ei op een grote schaal. Serveer met de overgebleven vinaigrette ernaast.

75. Bladsla En Gegrilde Tonijnsalade

INGREDIËNTEN:
LIME VINAIGRETTE:
- 6 eetlepels limoensap
- 1,5 el witte wijnazijn
- 3 eetlepels olijfolie
- 2 eetlepels natriumarme sojasaus
- Zout en versgemalen zwarte peper

TONIJN:
- 4 tonijnsteaks (elk 4 tot 5 oz)
- Anti-aanbak kookspray

GROENE SALADE:
- 8 kopjes gemengde Bibb en Romeinse sla
- 6 grote champignons (in plakjes gesneden)
- 1/4 kop gesneden lente-uitjes
- 1 grote tomaat (ingeklemd)
- 1 blik zwarte bonen (gespoeld en uitgelekt, koud)

INSTRUCTIES:
a) Bereid de soja-limoenvinaigrette door limoensap, azijn, olijfolie, sojasaus, zout en peper te kloppen.
b) Spuit het grillrooster in met anti-aanbakspray en verwarm voor op middelhoog. Tonijn op smaak brengen met zout en peper.
c) Grill de tonijn 4-5 minuten per kant. Tonijn in reepjes snijden.
d) Meng tonijn, champignons, lente-uitjes en andere groenten in een kom met de helft van de vinaigrette.
e) Meng de sla met de resterende vinaigrette in een aparte slakom. Verdeel het tonijn-groentenmengsel erover.
f) Optioneel: Strooi er gehakte koriander overheen. Deze salade lijkt op Black-eyed Pea en wordt zoiets geserveerd.

76. Pastasalade Met Gegrilde Tonijn En Tomaten

INGREDIËNTEN:
- 8 pruimtomaten, ongeveer 1 1/4 lb. totaal, in de lengte gehalveerd
- 2 eetl. plus 1/2 kopje olijfolie
- Zout en versgemalen peper, naar smaak
- 1 pond pastaschelpen
- 2 pond tonijnfilets, elk ongeveer 3/4 inch dik
- 1 kopje los verpakte verse basilicumblaadjes
- 3 eetl. rode wijnazijn
- 1 pond verse mozzarellakaas, in fijne blokjes gesneden
- 1/4 kop gehakte verse platte peterselie

INSTRUCTIES:

a) Verwarm een oven voor op 450 ° F. Bereid een heet vuur in een grill.

b) Leg de tomaten op een bakplaat en meng met 1 eetl. van de olijfolie. Schik ze met de zijkanten naar boven op het vel en breng op smaak met zout. Rooster tot ze gaar zijn, ongeveer 20 minuten. Laat afkoelen en snij dan kruiselings doormidden.

c) Breng ondertussen een grote pan, voor driekwart gevuld met gezouten water, op hoog vuur aan de kook. Voeg de pasta toe en kook tot hij al dente is (zacht maar stevig bij de beet), ongeveer 10 minuten. Giet af, spoel onder koud stromend water en laat opnieuw uitlekken. Opzij zetten.

d) Bestrijk beide zijden van de tonijnfilets met 1 eetl. van de olie. Goed op smaak brengen met zout en peper. Plaats op het grillrooster 10 tot 15 cm boven het vuur en gril tot het lichtbruin is, ongeveer 3 minuten. Draai en kook nog 3 tot 4 minuten voor medium, of tot het naar wens gaar is. Breng het over naar een snijplank, laat afkoelen en snij in blokjes van 3/4 inch.

e) Combineer de basilicumblaadjes en de resterende 1/2 kop olie in een keukenmachine of blender. Pulseer of mix tot een grove puree. Voeg de azijn toe en breng op smaak met zout en peper. Pulseer of mix tot alles gemengd is.

f) Meng in een grote kom de pasta, tomaten en eventuele opgehoopte sappen, tonijn, mozzarella, peterselie en basilicumdressing.

g) Zachtjes omscheppen en serveren.

77. Salade van gegrilde zalm met citroen-dilledressing

INGREDIËNTEN:
- 2 zalmfilets
- 6 kopjes gemengde saladegroenten
- 1 komkommer, in plakjes gesneden
- 1/2 rode ui, in dunne plakjes gesneden
- 1/4 kop gehakte verse dille
- 1 citroen, in plakjes gesneden
- Zout en peper naar smaak
- Voor de dressing:
- 1/4 kop olijfolie
- Sap van 1 citroen
- 2 eetlepels gehakte verse dille
- 1 theelepel Dijon-mosterd
- Zout en peper naar smaak

INSTRUCTIES:
a) Verwarm de grill voor op middelhoog vuur. Breng de zalmfilets op smaak met zout, peper en gehakte verse dille.
b) Grill de zalmfilets gedurende 4-5 minuten per kant, of tot ze gaar en schilferig zijn.
c) Meng in een kleine kom olijfolie, citroensap, gehakte verse dille, Dijon-mosterd, zout en peper om de dressing te maken.
d) Schik de gemengde saladegroenten, gesneden komkommer en dun gesneden rode ui op serveerschalen.
e) Beleg met gegrilde zalmfilets en schijfjes citroen.
f) Druppel de dressing over de salade. Serveer onmiddellijk.

78. Caesarsalade met gegrilde garnalen

INGREDIËNTEN:
- 1 pond grote garnalen, gepeld en ontdaan van darmen
- 6 kopjes gehakte Romeinse sla
- 1/2 kopje croutons
- 1/4 kop geraspte Parmezaanse kaas
- Caesar dressing
- Zout en peper naar smaak

INSTRUCTIES:
a) Verwarm de grill voor op middelhoog vuur. Rijg de garnalen aan spiesjes en kruid met peper en zout.
b) Grill de garnalenspiesjes gedurende 2-3 minuten per kant, of tot de garnalen roze en ondoorzichtig zijn.
c) Meng in een grote kom de gehakte Romeinse sla met de Caesardressing tot ze gelijkmatig bedekt zijn.
d) Verdeel de geklede sla over serveerschalen. Beleg met gegrilde garnalen, croutons en geraspte Parmezaanse kaas.
e) Serveer onmiddellijk als een smaakvolle en bevredigende Caesarsalade met gegrilde garnalen.

79. Salade van gegrilde Sint-jakobsschelpen en avocado

INGREDIËNTEN:
- 1 pond Sint-jakobsschelpen, afgespoeld en drooggedept
- 6 kopjes gemengde saladegroenten
- 1 avocado, in plakjes gesneden
- 1/4 kopje gesneden rode ui
- 1/4 kop gehakte verse koriander
- Sap van 2 limoenen
- 2 eetlepels olijfolie
- Zout en peper naar smaak

INSTRUCTIES:
a) Verwarm de grill voor op middelhoog vuur. Kruid de coquilles met peper en zout.
b) Grill de sint-jakobsschelpen gedurende 2-3 minuten per kant, of tot ze gaar en ondoorzichtig zijn.
c) Meng in een kleine kom limoensap, olijfolie, zout en peper tot de dressing.
d) Schik de gemengde saladegroenten op serveerborden. Beleg met gegrilde sint-jakobsschelpen, gesneden avocado, gesneden rode ui en gehakte verse koriander.
e) Druppel de dressing over de salade. Serveer onmiddellijk.

80.Gegrilde zwaardvis en mediterrane salade

INGREDIËNTEN:
- 2 zwaardvissteaks
- 6 kopjes gemengde saladegroenten
- 1 kop kerstomaatjes, gehalveerd
- 1/2 Engelse komkommer, in plakjes gesneden
- 1/4 kopje gesneden rode ui
- 1/4 kopje Kalamata-olijven, ontpit
- 1/4 kopje verkruimelde fetakaas
- Voor de dressing:
- 1/4 kop extra vergine olijfolie
- 2 eetlepels rode wijnazijn
- 1 theelepel gedroogde oregano
- Zout en peper naar smaak

INSTRUCTIES:

a) Verwarm de grill voor op middelhoog vuur. Kruid de zwaardvissteaks met peper en zout.

b) Grill zwaardvissteaks gedurende 4-5 minuten per kant, of tot ze gaar en ondoorzichtig zijn.

c) Meng in een kleine kom extra vergine olijfolie, rode wijnazijn, gedroogde oregano, zout en peper om de dressing te maken.

d) Schik gemengde salades, gehalveerde kerstomaatjes, gesneden komkommer, gesneden rode ui en Kalamata-olijven op serveerschalen.

e) Beleg met gegrilde zwaardvissteaks en verkruimelde fetakaas.

f) Druppel de dressing over de salade. Serveer onmiddellijk.

81.Gegrilde tonijnsalade met mangosalsa

INGREDIËNTEN:
- 2 tonijnsteaks
- 6 kopjes gemengde saladegroenten
- 1 mango, geschild, ontpit en in blokjes gesneden
- 1/2 rode paprika, in blokjes gesneden
- 1/4 kopje in blokjes gesneden rode ui
- 2 eetlepels gehakte verse koriander
- Sap van 1 limoen
- 1 eetlepel olijfolie
- Zout en peper naar smaak

INSTRUCTIES:
a) Verwarm de grill voor op middelhoog vuur. Kruid de tonijnsteaks met peper en zout.
b) Grill de tonijnsteaks gedurende 2-3 minuten per kant, of tot ze aan de buitenkant dichtgeschroeid zijn maar nog steeds roze in het midden.
c) Meng in een kom de in blokjes gesneden mango, de in blokjes gesneden rode paprika, de in blokjes gesneden rode ui, gehakte verse koriander, limoensap, olijfolie, zout en peper om de salsa te maken.
d) Schik de gemengde saladegroenten op serveerborden. Beleg met gegrilde tonijnsteaks en mangosalsa.
e) Serveer onmiddellijk, eventueel gegarneerd met extra koriander.

82.Salade van gegrilde heilbot met citrusvinaigrette

INGREDIËNTEN:
- 2 heilbotfilets
- 6 kopjes gemengde saladegroenten
- 1 sinaasappel, geschild en in partjes
- 1 grapefruit, geschild en in partjes
- 1/4 kopje gesneden amandelen, geroosterd
- Voor de citrusvinaigrette:
- Sap van 1 citroen
- Sap van 1 limoen
- 2 eetlepels honing
- 1/4 kop extra vergine olijfolie
- Zout en peper naar smaak

INSTRUCTIES:

a) Verwarm de grill voor op middelhoog vuur. Kruid de heilbotfilets met peper en zout.

b) Grill heilbotfilets gedurende 3-4 minuten per kant, of tot ze gaar en schilferig zijn.

c) Meng in een kleine kom citroensap, limoensap, honing, extra vergine olijfolie, zout en peper om de citrusvinaigrette te maken.

d) Schik de gemengde saladegroenten op serveerborden. Beleg met gegrilde heilbotfilets, sinaasappelpartjes, grapefruitpartjes en geroosterde gesneden amandelen.

e) Druppel de citrusvinaigrette over de salade. Serveer onmiddellijk.

83. Gegrilde zeevruchtensalade

INGREDIËNTEN:
- 1 pond gemengde zeevruchten (garnalen, sint-jakobsschelpen, inktvis), schoongemaakt
- 6 kopjes gemengde saladegroenten
- 1/2 komkommer, in julienne gesneden
- 1 wortel, julienne gesneden
- 1/4 kopje gehakte pinda's, geroosterd

VOOR DE THAISE PINDADRESSING:
- 1/4 kop romige pindakaas
- 2 eetlepels sojasaus
- 2 eetlepels rijstazijn
- 1 eetlepel honing
- 1 eetlepel limoensap
- 1 teentje knoflook, fijngehakt
- 1 theelepel geraspte gember
- 1/4 kopje water (of meer indien nodig)
- Zout en peper naar smaak

INSTRUCTIES:
a) Verwarm de grill voor op middelhoog vuur. Breng de gemengde zeevruchten op smaak met zout en peper.
b) Grill gemengde zeevruchten gedurende 2-3 minuten per kant, of tot ze gaar zijn.
c) Meng in een blender of keukenmachine romige pindakaas, sojasaus, rijstazijn, honing, limoensap, gehakte knoflook, geraspte gember, water, zout en peper. Meng tot een gladde massa en voeg indien nodig meer water toe om de gewenste consistentie te bereiken.
d) Schik de gemengde saladegroenten, julienne komkommer en julienne wortel op serveerborden. Beleg met gegrilde zeevruchten en gehakte pinda's.
e) Druppel de Thaise pindadressing over de salade. Serveer onmiddellijk.

83. Gegrilde zeevruchtensalade

INGREDIËNTEN:
- 1 pond gemengde zeevruchten (garnalen, sint-jakobsschelpen, inktvis), schoongemaakt
- 6 kopjes gemengde saladegroenten
- 1/2 komkommer, in julienne gesneden
- 1 wortel, julienne gesneden
- 1/4 kopje gehakte pinda's, geroosterd

VOOR DE THAISE PINDADRESSING:
- 1/4 kop romige pindakaas
- 2 eetlepels sojasaus
- 2 eetlepels rijstazijn
- 1 eetlepel honing
- 1 eetlepel limoensap
- 1 teentje knoflook, fijngehakt
- 1 theelepel geraspte gember
- 1/4 kopje water (of meer indien nodig)
- Zout en peper naar smaak

INSTRUCTIES:

a) Verwarm de grill voor op middelhoog vuur. Breng de gemengde zeevruchten op smaak met zout en peper.

b) Grill gemengde zeevruchten gedurende 2-3 minuten per kant, of tot ze gaar zijn.

c) Meng in een blender of keukenmachine romige pindakaas, sojasaus, rijstazijn, honing, limoensap, gehakte knoflook, geraspte gember, water, zout en peper. Meng tot een gladde massa en voeg indien nodig meer water toe om de gewenste consistentie te bereiken.

d) Schik de gemengde saladegroenten, julienne komkommer en julienne wortel op serveerborden. Beleg met gegrilde zeevruchten en gehakte pinda's.

e) Druppel de Thaise pindadressing over de salade. Serveer onmiddellijk.

GEGRILDE KAAS EN ZUIVELSALADES

84. Gegrilde Halloumi-salade met groenten

INGREDIËNTEN:
- 1 blok halloumi-kaas, in plakjes gesneden
- 2 paprika's (rood en geel), in plakjes gesneden
- 1 courgette, in plakjes gesneden
- 1 rode ui, in plakjes gesneden
- 2 eetlepels olijfolie
- Zout en peper naar smaak
- Gemengde groene salades
- Cherrytomaatjes, gehalveerd
- Kalamata-olijven, ontpit
- Balsamicoglazuur, om te besprenkelen

INSTRUCTIES:
a) Verwarm de grill voor op middelhoog vuur. Bestrijk de plakjes halloumi-kaas, paprika, courgette en rode ui met olijfolie. Breng op smaak met zout en peper.
b) Grill de plakjes halloumi-kaas en de groenten gedurende 3-4 minuten per kant, of tot er grillsporen verschijnen en de groenten gaar zijn.
c) Schik gemengde salades, kerstomaatjes en Kalamata-olijven op een serveerschaal.
d) Beleg de salade met gegrilde plakjes halloumi-kaas en groenten.
e) Besprenkel voor het serveren met balsamicoglazuur.

85. Salade van gegrilde perzik en burrata

INGREDIËNTEN:
- 2 rijpe perziken, gehalveerd en ontpit
- 1 eetlepel olijfolie
- 4 kopjes rucola
- 1/4 kopje geroosterde pijnboompitten
- 1/4 kopje verse basilicumblaadjes
- 1 burrata-kaasbol
- Balsamicoglazuur, om te besprenkelen
- Zout en peper naar smaak

INSTRUCTIES:
a) Verwarm de grill voor op middelhoog vuur. Bestrijk de perzikhelften met olijfolie.
b) Grill de perzikhelften 2-3 minuten per kant, of tot er grillsporen verschijnen en de perziken zacht zijn.
c) Schik de rucola op een serveerschaal. Beleg met gegrilde perzikhelften.
d) Scheur de burrata-kaasbal in stukjes en strooi deze over de salade.
e) Bestrooi met geroosterde pijnboompitten en verse basilicumblaadjes.
f) Besprenkel met balsamicoglazuur en breng op smaak met zout en peper voordat je het serveert.

86.Salade van gegrilde groenten en fetakaas

INGREDIËNTEN:
- Diverse groenten (zoals paprika, courgette, aubergine), in plakjes gesneden
- 2 eetlepels olijfolie
- Zout en peper naar smaak
- Gemengde groene salades
- 1/2 kopje verkruimelde fetakaas
- Citroenvinaigrettedressing

INSTRUCTIES:
a) Verwarm de grill voor op middelhoog vuur. Bestrijk de gesneden groenten met olijfolie en breng op smaak met zout en peper.
b) Grill de groenten 3-4 minuten per kant, of tot ze gaar en licht verkoold zijn.
c) Schik de gemengde saladegroenten op een serveerschaal. Beleg met gegrilde groenten.
d) Strooi verkruimelde fetakaas over de salade.
e) Besprenkel voor het serveren met de citroenvinaigrettedressing.

87. Salade van gegrilde paneer en mango

INGREDIËNTEN:
- 1 blok paneerkaas, in blokjes gesneden
- 1 rijpe mango, geschild en in blokjes gesneden
- 2 kopjes babyspinazieblaadjes
- 1/4 kop gehakte verse koriander
- 2 eetlepels olijfolie
- Sap van 1 limoen
- Zout en peper naar smaak

INSTRUCTIES:
a) Verwarm de grill voor op middelhoog vuur. Rijg de paneerblokjes aan spiesjes.
b) Grill de paneerspiesjes gedurende 3-4 minuten per kant, of tot er grillsporen verschijnen en de paneer door en door verhit is.
c) Meng in een grote kom de in blokjes gesneden mango, babyspinazieblaadjes en gehakte verse koriander.
d) Besprenkel met olijfolie en limoensap. Breng op smaak met zout en peper en meng om te combineren.
e) Verdeel de gegrilde paneerblokjes over de salade voordat je ze serveert.

88.Salade van gegrilde geitenkaas en bieten

INGREDIËNTEN:
- 4 middelgrote bieten, gekookt en in plakjes gesneden
- 4 ons geitenkaas, in rondjes gesneden
- Gemengde groene salades
- 1/4 kop gehakte walnoten, geroosterd
- Balsamicoglazuur, om te besprenkelen
- Zout en peper naar smaak

INSTRUCTIES:
a) Verwarm de grill voor op middelhoog vuur. Bestrijk de rondjes geitenkaas lichtjes met olijfolie.
b) Grill de geitenkaasrondjes gedurende 1-2 minuten per kant, of tot ze licht goudbruin zijn en er grillstrepen verschijnen.
c) Schik de gemengde saladegroenten op serveerborden. Beleg met gesneden gekookte bieten en gegrilde geitenkaasrondjes.
d) Bestrooi met gehakte geroosterde walnoten en besprenkel met balsamicoglazuur.
e) Breng voor het serveren op smaak met peper en zout.

89.Salade van gegrilde blauwe kaas en peren

INGREDIËNTEN:
- 2 rijpe peren, gehalveerd en klokhuis verwijderd
- 4 ons blauwe kaas, verkruimeld
- Gemengde groene salades
- 1/4 kop gehakte pecannoten, geroosterd
- Schat, voor de motregen
- Zout en peper naar smaak

INSTRUCTIES:
a) Verwarm de grill voor op middelhoog vuur. Bestrijk de perenhelften lichtjes met olijfolie.
b) Grill de perenhelften gedurende 3-4 minuten per kant, of tot er grillsporen verschijnen en de peren zacht zijn.
c) Schik de gemengde saladegroenten op serveerborden. Beleg met gegrilde perenhelften en verkruimelde blauwe kaas.
d) Bestrooi met gehakte geroosterde pecannoten en besprenkel met honing.
e) Breng voor het serveren op smaak met peper en zout.

90. Salade van gegrilde ricotta en tomaten

INGREDIËNTEN:
- 8 ons ricottakaas
- 2 grote tomaten, in plakjes gesneden
- 2 eetlepels olijfolie
- Verse basilicumblaadjes
- Balsamicoglazuur, om te besprenkelen
- Zout en peper naar smaak

INSTRUCTIES:
a) Verwarm de grill voor op middelhoog vuur. Bestrijk de plakjes tomaat met olijfolie en kruid met peper en zout.
b) Grill de plakjes tomaat gedurende 2-3 minuten per kant, of tot ze licht verkoold en zacht zijn.
c) Grill de ricottakaas gedurende 2-3 minuten per kant, of tot er grillsporen verschijnen en de kaas is opgewarmd.
d) Schik de gegrilde plakjes tomaat en ricotta op een serveerschaal.
e) Garneer met verse basilicumblaadjes en besprenkel met balsamicoglazuur.
f) Breng voor het serveren op smaak met peper en zout.

91. Salade van gegrilde mozzarella en aubergine

INGREDIËNTEN:
- 1 grote aubergine, in plakjes gesneden
- 8 ons verse mozzarellakaas, in plakjes gesneden
- Gemengde groene salades
- Cherrytomaatjes, gehalveerd
- Balsamicoglazuur, om te besprenkelen
- Verse basilicumblaadjes
- Zout en peper naar smaak

INSTRUCTIES:
a) Verwarm de grill voor op middelhoog vuur. Bestrijk de plakjes aubergine licht met olijfolie en breng op smaak met zout en peper.
b) Grill de plakjes aubergine gedurende 3-4 minuten per kant, of tot ze gaar zijn en grillsporen verschijnen.
c) Grill verse mozzarellaplakken gedurende 1-2 minuten per kant, of tot ze licht goudbruin zijn en er grillstrepen verschijnen.
d) Schik de gemengde saladegroenten op serveerborden. Beleg met gegrilde plakjes aubergine en plakjes gegrilde mozzarella.
e) Voeg de halve kerstomaatjes en verse basilicumblaadjes toe.
f) Besprenkel met balsamicoglazuur en breng op smaak met zout en peper voordat je het serveert.

GEGRILDE TOFU EN VEGETARISCHE SALADES

92.Gegrilde citroen-basilicum-tofu-salade

INGREDIËNTEN:
- ⅓ kopje fijngehakte verse basilicum
- 2 Eetlepels pikante dijonmosterd
- 1 eetlepel honing, ahornsiroop of agave als je veganist bent
- 1-2 theelepels geraspte citroenschil
- ¼ kopje vers citroensap, het sap van ongeveer 2 citroenen
- 1 Eetlepel olijfolie
- ½ theelepel zeezout
- ¼ theelepel versgemalen zwarte peper
- 3 teentjes knoflook, fijngehakt
- 1 pond extra stevige tofu, uitgelekt en geperst
- groene salades en verse groenten

INSTRUCTIES:
a) Combineer alle ingrediënten behalve tofu in een kleine kom. Snij de tofu kruislings in 6 plakjes. Doe de tofuplakken met de marinade in een bakje en laat minimaal een uur staan.
b) Grill klaarmaken.
c) Haal de tofu-plakjes uit de marinade en zorg ervoor dat je eventuele toegang tot de marinade in de container laat.
d) Leg tofu-plakjes op een grillrooster bedekt met kookspray; grill 3-5 minuten aan elke kant.
e) Serveer tofu op een bedje van groen en andere groenten. Sprenkel extra marinade over tofu om als dressing te gebruiken en serveer.

93. Salade van gegrilde tofu en groentequinoa

INGREDIËNTEN:
- 1 blok stevige tofu, geperst en in plakjes gesneden
- 2 paprika's (rood en geel), in plakjes gesneden
- 1 courgette, in plakjes gesneden
- 1 kop kerstomaatjes
- 1 kopje gekookte quinoa
- Gemengde groene salades
- 2 eetlepels olijfolie
- Zout en peper naar smaak
- Citroen-tahindressing

INSTRUCTIES:

a) Verwarm de grill voor op middelhoog vuur. Bestrijk de tofu-plakken, paprika, courgette en kerstomaatjes met olijfolie. Breng op smaak met zout en peper.

b) Grill tofu-plakken en groenten gedurende 3-4 minuten per kant, of tot er grillsporen verschijnen en de groenten gaar zijn.

c) Combineer gekookte quinoa en gemengde slagroenten in een grote kom.

d) Beleg met gegrilde tofu-plakken en groenten.

e) Besprenkel voor het serveren met citroen-tahinidressing.

94. Salade van portobello-champignons en halloumi

INGREDIËNTEN:
- 4 portobello champignonhoedjes
- 1 blok halloumi-kaas, in plakjes gesneden
- 4 kopjes rucola
- 1/4 kopje zongedroogde tomaten, gehakt
- 1/4 kopje geroosterde pijnboompitten
- Balsamicoglazuur, om te besprenkelen
- Zout en peper naar smaak

INSTRUCTIES:
a) Verwarm de grill voor op middelhoog vuur. Bestrijk de hoedjes van de portobello-champignons en plakjes halloumi-kaas met olijfolie. Breng op smaak met zout en peper.
b) Grill de dopjes van portobello-champignons en plakjes halloumi-kaas gedurende 3-4 minuten per kant, of tot er grillsporen verschijnen en de champignons gaar zijn.
c) Schik de rucola op een serveerschaal. Beleg met gegrilde portobello-champignondoppen en plakjes halloumi-kaas.
d) Bestrooi met gehakte zongedroogde tomaten en geroosterde pijnboompitten.
e) Besprenkel voor het serveren met balsamicoglazuur.

95. Salade van gegrilde groenten en couscous met Tofu

INGREDIËNTEN:
- 1 blok stevige tofu, geperst en in plakjes gesneden
- Diverse groenten (zoals paprika, aubergine, courgette), in plakjes gesneden
- 1 kopje gekookte couscous
- Gemengde groene salades
- 2 eetlepels olijfolie
- 2 eetlepels balsamicoazijn
- 1 teentje knoflook, fijngehakt
- Zout en peper naar smaak

INSTRUCTIES:
a) Verwarm de grill voor op middelhoog vuur. Bestrijk de plakjes tofu en diverse groenten met olijfolie. Breng op smaak met zout en peper.
b) Grill tofu-plakken en groenten gedurende 3-4 minuten per kant, of tot er grillsporen verschijnen en de groenten gaar zijn.
c) Meng gekookte couscous en gemengde slagroenten in een grote kom.
d) Beleg met gegrilde tofu-plakken en groenten.
e) Meng in een kleine kom olijfolie, balsamicoazijn, gehakte knoflook, zout en peper om de dressing te maken. Besprenkel de salade voor het serveren.

96.Salade van gegrilde tofu en avocado

INGREDIËNTEN:
- 1 blok stevige tofu, geperst en in plakjes gesneden
- 2 avocado's, in plakjes gesneden
- 4 kopjes gemengde saladegroenten
- 1/4 kopje gesneden amandelen, geroosterd
- 2 eetlepels gehakte verse koriander
- Sap van 1 sinaasappel
- Sap van 1 limoen
- 2 eetlepels olijfolie
- 1 theelepel honing
- Zout en peper naar smaak

INSTRUCTIES:

a) Verwarm de grill voor op middelhoog vuur. Bestrijk de tofuplakken met olijfolie. Breng op smaak met zout en peper.

b) Grill de tofu-plakken gedurende 3-4 minuten per kant, of tot er grillsporen verschijnen en de tofu is opgewarmd.

c) Schik de gemengde saladegroenten op een serveerschaal. Beleg met gegrilde tofu-plakken en gesneden avocado's.

d) Bestrooi met geroosterde gesneden amandelen en gehakte verse koriander.

e) Meng in een kleine kom sinaasappelsap, limoensap, olijfolie, honing, zout en peper om de dressing te maken. Besprenkel de salade voor het serveren.

97. Groenten-tofusalade met misodressing

INGREDIËNTEN:
- 1 blok stevige tofu, geperst en in plakjes gesneden
- Diverse groenten (zoals paprika, aubergine, champignons), in plakjes gesneden
- 4 kopjes gemengde saladegroenten
- 2 eetlepels sesamolie
- Zout en peper naar smaak

VOOR DE MISO-KLEDING:
- 2 eetlepels witte misopasta
- 2 eetlepels rijstazijn
- 1 eetlepel sojasaus
- 1 eetlepel honing
- 1 eetlepel sesamolie
- 1 teentje knoflook, fijngehakt
- Water, indien nodig

INSTRUCTIES:
a) Verwarm de grill voor op middelhoog vuur. Bestrijk de plakjes tofu en diverse groenten met sesamolie. Breng op smaak met zout en peper.
b) Grill tofu-plakken en groenten gedurende 3-4 minuten per kant, of tot er grillsporen verschijnen en de groenten gaar zijn.
c) Schik de gemengde saladegroenten op een serveerschaal. Beleg met gegrilde tofu-plakken en groenten.
d) Meng in een kleine kom witte misopasta, rijstazijn, sojasaus, honing, sesamolie en gehakte knoflook om de misodressing te maken. Verdun indien nodig met water om de gewenste consistentie te bereiken. Besprenkel de salade voor het serveren.

98.Salade van gegrilde halloumi en watermeloen

INGREDIËNTEN:
- 1 blok halloumi-kaas, in plakjes gesneden
- 4 kopjes watermeloen in blokjes
- 4 kopjes rucola
- 1/4 kopje verse muntblaadjes, gehakt
- 2 eetlepels olijfolie
- Sap van 1 limoen
- Zout en peper naar smaak

INSTRUCTIES:
a) Verwarm de grill voor op middelhoog vuur. Grill de plakjes halloumi-kaas gedurende 2-3 minuten per kant, of tot er grillstrepen verschijnen.
b) Meng in een grote kom de in blokjes gesneden watermeloen, rucola en gehakte verse muntblaadjes.
c) Besprenkel met olijfolie en limoensap. Breng op smaak met zout en peper en meng om te combineren.
d) Verdeel de gegrilde plakjes halloumi-kaas over de salade voordat je ze serveert.

99.Salade van gegrilde tofu en zomergroenten

INGREDIËNTEN:
- 1 blok stevige tofu, geperst en in plakjes gesneden
- Diverse zomergroenten (zoals kerstomaatjes, mais, paprika), gehalveerd of in plakjes gesneden
- 4 kopjes gemengde saladegroenten
- 1/4 kopje verse basilicumblaadjes, gehakt
- 2 eetlepels balsamicoazijn
- 1/4 kop olijfolie
- Zout en peper naar smaak

INSTRUCTIES:

a) Verwarm de grill voor op middelhoog vuur. Bestrijk de plakjes tofu en zomergroenten met olijfolie. Breng op smaak met zout en peper.

b) Grill tofu-plakken en groenten gedurende 3-4 minuten per kant, of tot er grillsporen verschijnen en de groenten gaar zijn.

c) Meng in een grote kom gemengde slagroenten en gehakte verse basilicumblaadjes.

d) Besprenkel met balsamicoazijn en olijfolie. Breng op smaak met zout en peper en meng om te combineren.

e) Verdeel de gegrilde tofu-plakjes en zomergroenten over de salade voordat je ze serveert.

100. Salade van gegrilde groenten en geitenkaas

INGREDIËNTEN:
- Diverse groenten (zoals courgette, aubergine, kerstomaatjes), in plakjes gesneden
- 4 oz geitenkaas, verkruimeld
- 4 kopjes gemengde saladegroenten
- 2 eetlepels olijfolie
- Balsamicoglazuur, om te besprenkelen
- Zout en peper naar smaak

INSTRUCTIES:
a) Verwarm de grill voor op middelhoog vuur. Bestrijk diverse groenten met olijfolie. Breng op smaak met zout en peper.
b) Grill de groenten 3-4 minuten per kant, of tot er grillsporen verschijnen en de groenten gaar zijn.
c) Combineer gemengde groene salades en gegrilde groenten in een grote kom.
d) Bestrooi met verkruimelde geitenkaas en besprenkel met balsamicoglazuur voordat je het serveert.

CONCLUSIE

" De Ultieme Gegrilde Salades " is een baanbrekend werk dat de grenzen van grillen opnieuw definieert en onze perceptie van wat salades kunnen zijn uitdaagt. Het is een viering van smaak, een bewijs van de kracht van vuur en een eerbetoon aan de schoonheid van groenten en fruit in hun talloze vormen. Door zijn innovatieve recepten, gedetailleerde begeleiding en gepassioneerde pleidooi voor gegrilde groenten nodigt dit boek lezers uit om hun grill aan te steken en een culinair avontuur te beginnen dat belooft hun benadering van het maken van salades te transformeren.

Het omarmen van de technieken en recepten op deze pagina's zal niet alleen iemands culinaire repertoire uitbreiden, maar ook zijn waardering vergroten voor de eenvoudige, maar diepgaande geneugten van een goed gegrilde salade.

Uiteindelijk is De Ultieme Gegrilde Salades meer dan een kookboek: het is een toegangspoort tot een wereld waarin groenten centraal staan, wat bewijst dat salades met een beetje creativiteit en de transformatieve aanraking van vuur inderdaad het ultieme gerecht kunnen zijn.

www.ingramcontent.com/pod-product-compliance
Lightning Source LLC
Chambersburg PA
CBHW071829110526
44591CB00011B/1269